国家社会科学基金项目（15BGL076）
国家社会科学基金项目（20BGL021）
江苏省社科基金重大项目（21ZD014）
东南大学中央高校建设一流大学和特色发展引导专项资金（3314001801B）

企业跨界成长研究

侯赟慧 ◎ 著

QIYE KUAJIE
CHENGZHANG
YANJIU

中国财经出版传媒集团

经济科学出版社

Economic Science Press

图书在版编目（CIP）数据

企业跨界成长研究／侯赟慧著 . —北京：经济科
学出版社，2021.5
ISBN 978 - 7 - 5218 - 2489 - 6

Ⅰ.①企… Ⅱ.①侯… Ⅲ.①企业管理 - 研究 -
中国 Ⅳ.①F279.23

中国版本图书馆 CIP 数据核字（2021）第 066719 号

责任编辑：侯晓霞
责任校对：杨　海
责任印制：范　艳　张佳裕

企业跨界成长研究

侯赟慧　著

经济科学出版社出版、发行　新华书店经销
社址：北京市海淀区阜成路甲 28 号　邮编：100142
总编部电话：010 - 88191217　发行部电话：010 - 88191522
网址：www.esp.com.cn
电子邮件：esp@esp.com.cn
天猫网店：经济科学出版社旗舰店
网址：http://jjkxcbs.tmall.com
北京密兴印刷有限公司印装
710×1000　16 开　11.5 印张　200000 字
2021 年 11 月第 1 版　2021 年 11 月第 1 次印刷
ISBN 978 - 7 - 5218 - 2489 - 6　定价：52.00 元
（图书出现印装问题，本社负责调换。电话：010 - 88191510）
（版权所有　侵权必究　打击盗版　举报热线：010 - 88191661
QQ：2242791300　营销中心电话：010 - 88191537
电子邮箱：dbts@esp.com.cn）

前　　言

　　"工业4.0"模糊了传统产业界限，促使产业链重新分工，并且延伸出新的活动领域，创造了新的合作形式。近年来，以百度、阿里巴巴、腾讯为代表的中国互联网平台企业跨界经营构建平台生态系统，呈现出无边界发展的态势。跨界能够促进平台用户规模增长，降低平台交易成本，以及促进网络价值创造，依靠平台模式跨界已经成为当下众多企业实现跨界成长的途径之一。

　　本书主要研究的问题有：第一，从理论上分析网络平台战略驱动的企业跨界成长的模式及可行性，提出平台战略驱动的企业跨界发展模式与策略，分析网络平台商业生态系统的演化运行机制，提供系统中各类企业的成长路径选择；第二，如何支持网络平台战略驱动企业跨界成长的实现，分析平台企业跨界成长的金融支持模式，探讨平台战略驱动的银行核心竞争力，以及互联网金融平台临界规模的突破策略；第三，在前述研究基础上，进一步就企业无边界成长中虚拟平台与实体经济间供需不匹配的矛盾，设计基于金融科技的产业互联网生态圈的模式，并采用模拟仿真的方法检验其可行性。

　　本书共分为7章，由侯赟慧进行总体设计、组织和统稿，周红蕾参与了后期的校对工作。其中，第1章是网络平台战略驱动的企业跨界发展模式与策略，由侯赟慧与卞慧敏和朱婧瑜完成。第2章是网络平台型商业生态系统的演化运行机制，由侯赟慧、刘军杰和卞慧敏完成。第3章是基于网络平台型商业生态系统的企业成长路径，由侯赟慧与杨琛珠完成。第4章是平台企业跨界成长的金融支持模式，由侯赟慧与刘军杰完成。第5章是平台战略下的银行核心竞争力，由侯赟慧与王丽华完成。第 6 章是互联网金融平台临界规模突破策略，由侯赟慧与周哲羽完成。第 7 章是基于金融科技的产业互联网生态圈模式构建与运营，由侯赟慧、熊检和解慧新完成。全书对平台商业模式和数据驱动跨界模式进行了整合，基于产业生态系统的宏观和微观结构，研究了网络平台战略如何驱动传统企业进行破界、跨界到无边界的动态演变和成长策略选择；另外对企业持续成长中处于无边界发展状态时面临的虚拟平台与实体经济间供需不匹配的制约问题进行了模拟分析。

在研究视角方面，平台战略的研究情境多选择平台市场发展较为成熟的 IT 行业。平台企业不仅相互之间渗透，还逐渐深入和颠覆传统产业，从而具有多个层次。首先，将平台战略作为企业层面的成长和竞争战略向其他行业进行跨界拓展；其次，基于企业共生关系视角构建了产业互联网生态圈模型，为企业无边界发展过程中面临的虚拟平台与实体经济间的供需不匹配的制约提供了解决思路，是对双边平台理论和战略管理理论的延伸和扩展，也是从网络经济视角为产业升级提供了理论可能、机制分析和经验证据。

在研究内容方面，首先，提出了平台战略驱动的企业跨界发展模式与策略，并在此基础上对网络平台型商业生态系统的演化运行机制进行了分析，并对系统中的各类企业的成长路径选择进行了具体分析；其次，研究了金融对平台企业跨界成长中的支持模式，还研究了平台战略驱动的银行核心竞争力转型与构建，同时选择互联网金融平台分析了具体的临界规模的突破策略，这是跨界发展中的"惊险一跃"；最后，对企业无边界发展中的矛盾进行模拟仿真，基于金融科技从共生角度重塑企业间关系，并检验其可行性。

本书的出版得到了多方的支持和帮助，在此作者特别感谢东南大学经济管理学院的周勤教授、岳书敬教授、赵驰副教授、陈洪涛副教授、李绍芳副教授以及南京南大智慧城市规划设计股份有限公司李剑高级工程师，本书的选题来源、研究过程中遇到的问题以及部分结果解释得益于与大家的交流讨论；本书是国家社会科学基金项目"网络平台战略驱动的企业跨界成长研究"（15BGL076）、国家社会科学基金项目"平台型智能制造产业生态系统共生演化及治理研究"（20BGL021）、江苏省社科基金重大项目"江苏共享经济健康发展研究"（21ZD014）以及东南大学中央高校建设一流大学和特色发展引导专项资金（3314001801B）的阶段性研究成果，感谢相关机构的资助。

受限于本人知识积累和学术水平，本书难免存在一些不足和有待商榷之处，恳请广大读者批评指正。

侯赟慧

2020 年 12 月

目　　录

第1章

网络平台战略驱动的企业
跨界发展模式与策略

中国经济步入"新常态"，在 2014 年实现了工业型经济向服务型经济的转换，同时网络经济对传统产业的改造也从标准化商品过渡到非标准化服务。在这些趋势叠加影响下，传统产业如何在第四次工业革命指引下实现"制造"向"智造"升级的创新驱动战略呢？"工业 4.0"不仅模糊了传统产业界限，促使产业链重新分工，并且延伸出新的活动领域，创造新的合作形式。平台模式能有效激励多方群体互动，快速配置整合全球资源，弯曲打碎既有的产业链，重塑市场格局的商业生态系统架构（徐晋，2013；陈威如，余卓轩，2013；李海舰等，2014）。

在"创新驱动战略"背景下，传统企业需要利用互联网思维重新架构运营模式。企业通过平台不仅能够与其他企业实现功能的互补、整合和共享，并且由于平台供给者能够在核心技术、组织间界面、竞合规则等方面给予设定和领导，其能够逐渐强化众多企业之间的分工、合作、竞争等行为模式与认知框架。进一步地，随着企业数量以及其联系程度的不断发展，平台会逐渐变成一个可以整合系统产品和服务供给、增强系统机体创新能力的产业生态系统。将传统企业改造成互联式平台，能获取新利润增长点和竞争优势，实现与外部不稳定、未来不确定性、环境高复杂性的动态匹配和整合创新，成就企业跨界成长的"智造"梦想。因此，本章在互联网与工业融合创新日益加快背景下，研究传统企业以网络平台为核心，在网络平台战略下如何驱动传统企业进行破界、跨界到无边界的动态演变和成长策略选择。

1.1 网络平台经济与企业跨界成长理论研究

1.1.1 网络经济与产业转型升级关系研究

当前关于信息技术革命下网络经济的研究主要分为三类：第一，网络平台就用户进行的竞争行为研究，主要强调网络效应的作用及其对平台战略的影响（Rochet & Tirole，2003；Armstrong，2006；Weyl，2010；程贵孙，2011；甄艺凯等，2013）。这些研究表明，网络平台应该进行交叉补贴，对那些为其他人创造价值的用户收取较低的价格。第二，网络平台的市场机制创新行为研究，主要涉及广告和产品的竞标方法（Edelman et al.，2007；Varian，2007；冯华等，2016）、网络声誉和评价系统（Resnick et al.，2001；Dellarocas，2006；Bolton et al.，2009；汪旭晖等，2015）等方面。第三，网络竞争对消费者行为的影响研究，消费曲线呈长尾特征（Anderson，2006；吴义爽等，2016），平台需要动态响应内容越来越丰富，要求越来越高的消费者需求。

网络平台的商业模式创新研究，主要包括平台企业的边界选择（Santos，2005；李晓翔，2016）、平台商业生态系统的构建与锁定（Gawer et al.，2008；吕一博等，2015；李鹏等，2016）。虽然现有文献有涉及信息产业对产业结构优化的影响（史忠良和刘劲松，2002；陶长琪等，2015），但在联接网络经济和产业转型升级之间仍存在很大的割裂，缺乏系统性地探讨网络经济影响产业转型升级的路径机制和策略选择。

1.1.2 企业跨界成长理论研究

企业成长本身预示着对原有边界的突破。国际化等企业内生性成长是企业跨越边界能力演化的一种表现（Sapienza et al.，2006；李晓翔，2016），这些企业在保持原有所有者优势的前提下，突破了地理边界；外生性成长则更多地体现全新边界或者虚拟边界的构筑，如战略联盟使企业与合作伙伴共同形成了新的虚拟边界，降低了知识传递、技术学习、市场分享的成本。近年来，学界已意识到彭罗斯（Penrose，1959；2007）的成长理论在强调不同成长路径对企业绩效影响差异的同时，忽略了环境对企业成长的影响。企业成长的关键是企

业结构与功能的完善和对环境的适应。企业从创立之日起，就伴随着合作
（Singli & Mitchell，2005；梁强等，2016）、企业网络（Hite & Hesterly，2001；
Sullivan & Ford，2014）、社会资本（Prashantham & Dhanaraj，2010；韩炜等，
2013）、不同战略选择组合（Lockett et al.，2011）等多个外部要素的演化以及
成长本身多要素之间的共同演化（Coad，2010；刘江鹏，2015），来达到成长
所需的资源管理和竞争环境的一致（Claryssee et al.，2011）。特别是在一些发
展中国家，不同的战略类型显示不同的环境特征和竞争行为。当外界环境变化
时，企业会调整资源发展和市场定位，以实现成长（Pettus，2001；王茂详等，
2015）。当前大量研究都集中于解释不同企业的成长差异，而非企业是如何发
展和如何实现成长的充分定性差异以适应环境变化。

1.1.3　平台理论研究

双边市场的提出开拓了产业组织理论、企业战略管理等领域的研究。其研
究视角也从传统的厂商—消费者的"价格—需求"研究转变为两个相互关联的
平台厂商—双边用户的"价格—交易行为"。平台提供双边市场的交易途径和
方法，其本质是市场的具化（徐晋，2006）。在网络经济环境下，平台战略在
于打造一个完善的、成长潜能强大的"生态圈"（陈威如和余卓轩，2013；李
鹏等，2016）。从动态演化角度看，随着平台不断发展，平台生态系统在结构、
功能、运行模式等方面也会逐渐成熟，这会带动平台运营商和系统内各专业化
企业之间产生能力与结构的"协同演化"（Jacobides & Winter，2005；Jaco-
bides，2008；冯华等，2016），使得这种跨界资源能力的整合特征得以累积强
化。在软件平台的支撑下，已出现了很多跨界混搭商业模式（Evans，2011；
刘江鹏，2015）。目前学界的研究普遍围绕技术平台范畴和平台经济范畴两条
主线展开（Evans，2003；Tellis et al.，2009；Eisenmann et al.，2011；Zhu &
Iansiti，2012），与此相关的研究问题有平台的定价、建构、成长、进化、竞争
以及监管等。

已有文献对网络经济、平台战略以及企业成长进行了丰富的探讨，平台战
略的研究情境通常选择研究平台市场发展较为成熟的 IT 行业。但我们必须注意
以下三种情况。首先，平台企业不仅相互之间渗透，还在深入和颠覆传统产
业，平台可以有多个层次，平台战略应当作为企业层面的成长和竞争战略向其
他行业进行跨界拓展；其次，古典经济学派或新制度经济学派忽略了无形要素

对企业成长发展的影响，在网络经济环境下，现实世界在虚拟空间中得到逻辑再现，加快了企业破界、跨界到无边界的发展；最后，现有文献在联结网络经济和传统企业优化升级之间仍存在很大的割裂，难以融合技术平台范畴和平台经济范畴引导传统企业实现转型升级。

1.2 网络平台战略驱动的传统企业跨界协同发展模式

网络平台战略为企业提供了共享式互补品，这不仅能够使企业服务更专业化，提升企业服务资源的收益；而且，也为平台创建者成为产业领导者奠定了利益相关者激励相容的基础。基于共同创造价值、共同成长的战略逻辑，网络平台战略所形成的产业生态系统更容易获得竞争优势，实现可持续发展。在中国工业经济步入新常态、互联式服务型经济快速崛起的趋势叠加影响下，在"立体网络式"格局的产业生态系统中将工业生产、服务、消费和创新通过平台链接形成一个动态闭环正反馈开放体系，用互联网思维将传统企业改造为更加弹性灵活的互联式平台，可以促进企业的跨界成长，从而为工业经济增长注入新动力。网络平台战略驱动的传统企业跨界协同发展模式如图1-1所示。

以平台为基础的产业生态系统增长受到网络效应的驱动，如何保证足量的同边和跨边主体参与平台型产业生态系统突破临界规模，激发间接网络正反馈效应，是企业能否成功实现跨界成长的最大挑战。具体而言，就是平台注意力竞争、临界规模的突破、平台身份的锁定和平台竞争优势的获取。传统企业如何在网络平台战略驱动下，通过路径依赖的"自强化"机制、经济行为与社会结构的"互嵌"效应，以及强化平台竞争优势的"反哺效应"，并在产业生态系统中实现以平台企业为核心的"鸡蛋相生"的正反馈协同效应。

同时，对于产业生态系统中的企业而言，产业间的互动发展机制是影响系统中企业间能否协同演进的主要因素，进而会影响到其成长性和成长轨迹。随着平台产业生态系统逐渐成熟，跨界整合资源能力的特征逐渐强化，但实体经济资源有边界约束与供给不能及时响应虚拟平台市场无边界需求之间的矛盾也愈加突出，并会进一步阻碍平台企业的跨界成长。因此，平台企业需要重塑产业生态系统中的企业间关系，进行无边界化整合。

尽管平台型产业生态系统能更好地整合并合理布局企业和产业的资源，为其他外部实体进入平台范畴并为其构建产业平台和产业链打下基础。但是，在"创

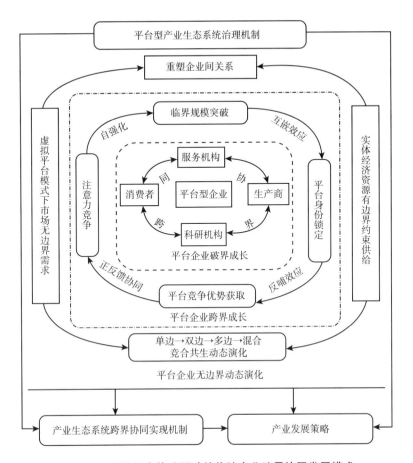

图 1-1　网络平台战略驱动的传统企业跨界协同发展模式

新驱动战略"协调推进信息化和工业化深度融合背景下，中国产业转型升级的现实情境及其可行性"规定"了何种产业生态系统跨界协同模式真正有效率。

　　另外，还需要考虑平台参与主体的不良行为会导致经济效率丧失，进而降低平台整体价值的情况。为此，有必要完善平台型产业生态系统的治理机制，对各个利益相关者进行创新激励；在确保平台应用多样化、互补性的同时，协调降低平台企业间的潜在冲突。

1.3　传统企业跨界成长的策略分析

　　平台型产业生态系统突破传统的线性交易逻辑，是实体经济与互联网虚拟经济相融合的跨界经营现象，也是一种全新的企业间战略互动模式。对传统企业而言，通过构建平台型产业生态系统，是企业颠覆传统价值创造方式，改变竞争结构，从而实现制造到智造、制造到服务、制造到整合的产业基础跃迁（赵振，2015）。在构建平台型生态系统的起步阶段，首要是保证多边群体的关注和足量加入，然后触发网络效应，突破临界规模获得平台的发展，进而锁定生态系统领导者地位，建立隔绝机制，获得竞争优势。

1.3.1　平台注意力竞争策略

注意力是指人们对具有内在经济价值事件的关切程度，包括人们对该事物关切的范围和关切的程度（英莺敏等，2002）。注意力是能给企业带来无形资产增值，获得潜在产品或服务市场的稀缺资源。随着互联网功能的多样化发展，用户空余时间逐渐接近上限，获得更多用户的关注变得越来越困难。事实上，随着注意力的飘忽，平台出售产品或者服务的能力以及卖个好价钱的机会都会受到极大的影响。线上平台竞争的实质就是稀缺注意力的竞争，新上线的平台网站要为争取日益有限的注意力而加倍努力。

注意力是一种具有正负效应之分的主观心理状态，是任何企业可以共享的资源。平台企业借助传播手段推广自身的产品或服务、核心能力、价值观等，吸引品位喜好相投的大众注意力。基于注意力以人为本、集中于目标事物、无法复制性、易从众性、可传递性等特征（英莺敏等，2002），平台企业可以从定价模式、功能、突破性创新等方面（Evans，2013），通过扩大注意力范围，吸引大量用户，同时增加注意力粘性，锁定并培养忠诚用户，使注意力成为平台企业的稀缺资源。

1.3.1.1　扩大注意力范围的策略

（1）定价策略。平台企业可以通过注册费、交易费或组合模式获得利润。但在平台起步阶段，基于吸引注意力需要以人为本，经济人具有趋利的特征，免费提供有价值的商品和服务，是很典型的获取注意力的策略行为。那么，平台型企业如何免费呢？考虑到平台的交叉网络外部性，解决好"鸡蛋相生"问题才能成功启动平台。因此，在综合考虑用户的平台产品价格需求弹性、用户的交叉网络外部性的强度、用户的平台粘性以及免费或补贴的成本收益比等问题（Rochet & Tirole，2003）后，应对价格需求弹性大、交叉网络外部性强、平台粘性高的用户进行补贴、免费或者收取较低价格。当该用户的网络外部性带来的平台收益低于平台对其实施免费甚至补贴的成本时，则放弃此策略。

（2）包络策略。不同于传统企业倾向于将自身的异质性资源、核心竞争力以及独特的商业模式运用于新的产品或服务以赚取利润，平台企业作为联系多方群体的基础架构，更多考虑的是提供某类共性资源和能力，使得各类用户能够在平台上共同合作、各取所需。为了把握这一"共性规则"，平台企业需要在产业融合的背景下，针对目标用户，提升用户价值体验，并向不同行业、产品、服务和功能实施包络战略。具体而言：一是充分转化已有的用户，利用原有客户资源，充分实现原有客户数据线上化；二是通过平台包络增加平台功能模块，为更多的供应方和需求方提供产品和服务；三是为用户提供多样化的"捆绑服务"，增加多边用户之间的互动频率，使用户之间以及用户和平台之间的依赖程度加深。一旦平台企业的包络策略实施成功，平台网络效应和多边用户的依赖程度达到临界值之后，将刺激平台产生强大的同边效应和跨边效应，从而帮助平台企业吸引到更多的注意力。北京小米科技有限责任公司（以下简称小米）作为首个采用互联网模式开发手机操作系统的公司，通过"粉丝社区"与用户的交流，逐渐从小米手机发展到依靠 MIUI 搭建起软件平台，以手机为流量入口，开发出"手机、电视、路由器"等明星产品，拉长了公司产品链，为用户提供增值服务。

（3）合作策略。在网络经济时代，企业间以平台为依托，满足长尾需求，扩大平台企业的注意力范围。合作扩大了平台企业的资源边界。一方面，企业可以充分利用对方的异质性资源，增加可利用资源量；另一方面，也可以提高本企业资源的利用效率，使资源发挥最大效益。通过与合作伙伴在生产、研发、营销等各个环节的优化组合，为用户提供更优质的产品和服务，激发协同效应；合作使企业间可以近距离的相互学习，将自身的能力与合作企业的能力相结合创造出新的能力。此外，在平台型产业生态系统中，信息能够在企业之间充分传递，从而降低整体的信息搜集和沟通成本。这样，平台内企业能够紧密关注行业动向和产业发展动态，获得最新资讯。关注并跟踪外部技术、管理创新等能够为企业提供新的思想和活力，从而为用户提供更好的产品或服务，激发创新效应。

1.3.1.2 增强注意力粘性的策略

平台企业不断面临着来自新产品以及新服务供应商的竞争，分散用户的注意力。所以平台企业要通过提供个性化的产品或服务使自身显著区别于其他平台，满足长尾群体的需求，增强用户注意力的粘着力。具体策略有：

（1）个性化战略。注意力具有目标性（荚莺敏等，2002），在大数据技术日益成熟的情况下，大数据精准营销成为平台挖掘潜在注意力，增强注意力粘性的有效策略。

在"大数据"技术的支持下，平台企业可以精准市场定位。由于消费者的需求具有隐蔽性、易变性、复杂性、情景依赖性，平台通过用户信息收集系统、数据分析系统和结果反馈系统，力图洞悉消费者真实需求，找准市场定位。平台企业还可以及时、动态提供个性化的产品或服务，通过"大数据"技术及时准确地捕捉、对比、分析消费者信息，通过模块化生产方式，及时、动态地为消费者量身定制产品或服务。平台企业也能在确定目标人群的真实需要后，通过点告、窄告、竞价排名搜索等方式进行精准投放广告，提升平台在消费者心目中的声誉，良好的声誉又能吸引到更多的注意力，形成良性循环。

（2）降低用户搜寻成本。平台企业为用户创造价值不仅体现在为其提供产品或服务，还体现在其平台架构能够降低用户的搜寻成本，帮助用户寻找到更满意更有效的产品或服务。平台通过设计、提炼、汇总有关产品以及应用程序的评价，并向用户公开相关信息，一键解决最终用户的需求，从而锁定用户的长久注意力。

（3）优化平台接口。平台企业为了突破地理、空间上的界限，需要通过其支持层提供的 App 软件连接多方用户群体。在其他条件相同的情况下，用户更偏好容易使用的平台。因此，平台接口的优化显得尤为重要。为提高接口质量，一方面，平台需要重视用户的需求、搜集用户的意见，确定用户加入平台存在哪些困难；另一方面，平台需要重视应用程序开发人员针对用户需求的接口改进工作，通过优化平台的开发环境，更好地利用开发人员独特的专业知识和技能，提升平台接口的优化、创新速度。

1.3.2 临界规模突破策略

平台的基本特征是拥有两个或两个以上不同的群体，其运行的基础是网络效应，即一方获利的多少取决于另一方的规模。在平台早期启动过程中，如果一边使用者数量不够多，另一边的潜在用户群体将很难选择加入平台，这会导致已经加入平台的使用者退出，平台内企业和客户数量减少，从而导致平台启动失败。平台在达到临界规模前，平台内客户数量增长是不稳定的，平台只能通过吸引用户进入平台才能保证平台的成长；平台在突破临界规模后，网络交叉外部性会使得平台增长成为内生的，此时平台内用户数量的增长才能自我实现，甚至无法阻挡（Evans & Schmalensee，2013）。突破临界规模的目的是激发网络效应，而网络效应的激发不应当局限于规模，还应当注意用户之间的网络关系强度（蔡宁等，2015）。

综上可见，传统企业在构建平台后，要根据网络效应的特征、平台的形成机制以及用户的影响力进行临界规模突破策略选择。

（1）常规曲折向前的策略。选择这一策略的平台企业本身不进行产品销售，只是作为多边群体的连接。平台往往采取免费甚至补贴的方式吸引早期用户加入，随着网络效应的激发开始获得平台利润。例如，创立初期的淘宝网（以下简称淘宝），对于买卖双方几乎不收取任何准入费用，开始平台并没有实现盈利，处于亏损经营的状态。当用户基础累积突破临界值之后，淘宝设立了天猫商城，它开始对卖家收取较高的入驻费用以及一定比例的交易手续费，依靠这种对买家不收费，对卖家收费的倾斜式定价策略，淘宝才逐渐实现转亏为盈。

（2）"两步走"的策略。采用这一策略的平台企业，其一侧的用户对另一侧用户存在较强的交叉网络外部性，平台需要利用免费的方式在一侧吸引到足够数量的参与者，然后基于这一侧的用户基础，去平台的另一侧招募用户群体。例如，传统的媒体企业，需要通过免费向读者提供各类信息的方式吸引一侧的用户，等读者达到一定数量之后才能触发交叉网络外部性，吸引广告商的入驻，从而盈利。

（3）大买家的策略。当平台用户在一边甚至多边存在个人影响力的时候，其不仅能够提高所在平台对于潜在用户的价值，而且能够为平台吸引大量新的用户。因此，平台企业在创立初期可以通过实施大买家策略迅速获取足量的多边用户数量。例如，创立之初的小米，在没有品牌、没有工厂、没有销售记录的情况下，凭借自身的努力和诚意，获取长期居全球智能手机芯片市场份额第一位置的高通作为其芯片供应商，为小米手机的质量打下了良好的声誉，同时吸引了更多供应商的加入。

（4）自主供给的曲折向前的策略。平台企业也可以充当平台某一边的经济主体，参与经济活动。至少在早期启动阶段，通过自身良好的信誉吸引多边群体的关注和加入。例如，美国最大的电子商务平台亚马逊，通过自营产品的驱动建立平台，其产品质量的优势为其赢得声誉，从而吸引数量众多的供应商陆续加入。

1.3.3　平台身份锁定策略

在网络经济发展过程中，平台中企业的各种身份不断创新与发展，这种身份的涌现是经济行为和社会结构共同作用的产物。平台企业只有占据商业生态系统的关键位置，在商业生态系统中具有话语权，掌握平台的控制权，才能不断强化自身的竞争力（刘刚和熊立峰，2013）。一旦平台供给者提供的产品或服务及其领导者地位得到产业认可的"临界水平"，在自我强化的累积效应下，逐渐锁定平台身份（吴义爽和徐梦周，2011）。传统企业基于生态系统领导者身份，其平台身份锁定背后的核心逻辑在于：第一，立足平台供给抢占生态系统的规则制定权；第二，构建产业生态系统的"共同盈利"模式，联结产业内外企业，逐步稳定产业内外企业的竞争秩序；第三，提出系统性价值主张，提高生态系统凝聚力，进一步巩固领导者地位。图1-2介绍了平台身份锁定策略的内在逻辑，具体内容如下。

图1-2　平台身份锁定策略的内在逻辑

第一，塑造生态系统，立足平台供给，抢占生态系统话语权和控制权，制定规则，获取并增强市场势力。受网络经济的影响，传统企业在逐渐平台化的过程中，原本弱联结甚至是没有关系的众多企业会逐渐聚集成一个有机的网络系统，或是突破原来已经形成竞争与合作平衡的生态系统，形成新的平台生态系统。但是在平台未来发展中，许多产业的未来发展模式、产业政策、竞争规则、空间集聚的范围与区位等都处于高度不确定的状态，而这些因素又关系到企业发展的"产业系统架构"，影响企业未来发展。在这样的情况下，传统企业往往定位平台运营商，大力推动平台的建设和供给，通过政企关系的建设等，可以抢占优势区位，获得市场势力。例如，传统制造企业海尔集团（以下简称海尔），在新工业革命中，利用平台战略实施转型和创新，成为国内家电制造商的领军企业。

第二，设计生态系统规则，构建产业生态系统"共同盈利"模式。为生态系统内的企业之间的竞争秩序、企业与最终用户之间的交易秩序，制定一套相对稳定的标准规则。这种"共同盈利"模式使得平台运营商能够优化配置生态系统资源，拉升系统内各个专业化企业的资源短板。通过与系统内的企业共同成长、共享系统的创新价值，平台企业才能在与其他企业的健康互动中获得领导者地位，在参与企业数量的增加中获得服务的规模经济效应。

为完成巩固和扩大伙伴关系、壮大平台生态圈的双重任务，核心企业应当增加其他企业对自身的资源依赖。但是，在知识溢出效应影响下，产业创新网络中的核心企业控制力虽然可以提高核心企业对网络中非核心企业（主要是中小企业）的控制，但也能促进非核心企业逐渐摆脱核心企业控制（王伟光等，2015）。

第三，管理生态系统，提出系统性价值主张。为了保证平台生态系统的高效率运行，平台运营商需要及时处理生态系统里各种交易中的冲突。通过提出核心价值观，为生态系统成员提供有价值的技术方案和创新模式，核心企业能够增加其他主体对自己的依赖性，增强生态系统的凝聚力，维持生态系统的竞争优势，再对核心价值观进行去物质化、聚核、扩网，丰富其价值主张，推动企业从边缘走向核心（刘林青等，2015）。

致力于平台思维改造的海尔，凭借其原有的营销网、物流网、服务网，主动在平台生态系统中获得管理者的角色。为了进一步巩固其核心位置，实施"利益共同体"战略，使公司内部各部门之间形成协调关系、与供应商之间形成合作关系，在产品设计的过程中应充分考虑用户需求，调动整个生态系统的创新资源，增强生态系统内企业的凝聚力，进一步巩固生态系统的领导者地位。

1.3.4　平台竞争优势获取策略

平台企业在完成基础用户沉淀、网络效应激发、身份锁定之后，已经完成了平台竞争的主导框架，为获得持续发展，平台还需要建立隔绝机制，获得竞争优势。企业竞争优势源自其相较于竞争对手拥有的可持续优势源泉，即更先进的组织结构与运行方式、更低成本的优势资源、更适合市场需求的产品和服务以及更具有前瞻性的创新能力等（汪亚青等，2015）。

平台要想获得竞争优势，需要增加平台的创新流入，减少平台的创新流出（被竞争对手复制），使平台创新流入速度大于流出速度（Tiwana，2014），保持一定具有竞争优势的资源。这些资源必须具备价值性、稀缺性、独特性、不可替代性，同时提升资源的价值专属特性，增强价值捕获能力。

第一，模块化创新，降低竞争对手的替代威胁。从传统工业经济时代到互联网经济时代，价值创造的起点从供给端发展成为消费端。为增加产品价值，平台应当从消费端需求出发，对产品进行极致化分工，满足消费者个性化需求。通过通用模块与专用模块的动态组合，能够及时、动态地为消费者提供个性化产品，快速满足市场上的动态需求、长尾需求。在降低平台产品创新成本的同时，快速的模块组合使得竞争对手无法复制，产品的极致化差异降低了被替代的威胁。

大数据技术的发展，使得企业对消费者数据的收集和快速地分析成为可能，从技术上支持了网络平台进行模块化创新。例如，处于传统制造行业的青岛红领服饰与佛山维尚家具，运用大数据技术，将顾客的个性化需求数据，如类型、款式、面料、颜色、纽扣等进行极致化拆分，然后由相关部门为顾客进行大数据制版，最后在流水线上进行大规模生产，从而找到了个性化定制与大规模生产之间的平衡点。

第二，形成专属价值，降低竞争对手的模仿威胁。为了控制创新流出给平台造成的成本，平台需要形成专属价值。这种基于维持企业存在和发展的基础作用力，以品牌、文化为载体而形成的平台专属价值，存在形式稳定、变化可控，难以被竞争对手复制。平台可以通过积累的大量数据以及平台的界面规则，借助技术和商业模式创新，实现平台升级，创造专属价值。

第三，形成开放式创新生态系统，创造更多的创新流。成型期的平台面临内部资源创新增速放缓，外部资源创新带来的竞争压力变大的境况。同时，互联网经济使得平台之间的资源竞争从物质资源上升到知识资源。平台应当克服知识流动和共享中的障碍，实现企业之间的互动与合作。同时，利用互联网技术，突破物理时空约束向外无限拓展，实现实体与虚拟空间的互联互通，进行无边界发展。

随着平台无边界的发展，平台与系统内的企业逐渐融合。平台管理超越水平边界和垂直边界，在"共赢"的理念下，信息、资源、创意不仅能够在企业内自由流动，还能在系统内自由流动，平台通过充分调动内部和外部资源，增强内外部的合作关系，灵活地反映市场需求，创造更多的创新流。例如，正在努力实施平台战略的传统制造企业海尔，提出企业平台化、员工创客化、用户个性化的适应经济发展的"三化"，通过产品创新平台、虚拟融合平台、物流服务平台、交互平台的多层次网络结构，整合平台内外部资源，随着创新和研发资源社会化的不断累积发展，创新生态体系会整合更多的资源。

本章小结

网络经济的发展使得互联网与工业融合创新日益加快，现有文献大多强调网络效应的作用以及解释不同企业之间的成长差异，鲜有系统性地探讨网络经济影响产业转型升级的路径机制和策略选择。本章在梳理网络经济与传统企业转型升级的相关研究下，提出网络平台战略发展驱动的传统企业跨界协同发展的一般模式。

（1）产业生态系统立足于"协同发展"的战略逻辑更有可能获得竞争优势。在中国工业经济步入新常态的影响下，传统企业要想获得跨界成长，需要将生产、服务、消费、创新通过平台链接形成一个动态闭环正反馈开放系统，充分调动各个环节的活力，为工业经济增长注入新的活力。

（2）鼓励传统企业突破产业边界，充分整合自身长期以来积累的用户资源，实施跨界成长。在网络平台战略的驱动下，传统企业通过路径依赖的"自强化"机制、经济行为与社会结构的"互嵌"效应、平台竞争优势的"反哺效应"，在产业生态系统中实现以平台企业为核心的"鸡蛋相生"的正反馈协同效应。随着平台生态系统的逐渐成熟，实体经济资源有边界的供给约束不能及时响应虚拟平台市场上无边界需求的矛盾越加突出，必然要求平台企业重塑产业生态系统中的企业关系，进行无边界化整合。

（3）通过实施平台注意力策略、临界规模突破策略、平台身份锁定策略、竞争优势获取策略实现跨界成长。为激发间接网络正反馈效应，进一步促进企业的跨界成长，平台企业可以从扩大注意力范围和增加注意力粘性两方面实施注意力竞争策略，平台注意力的强化使得企业突破临界规模，再通过平台身份的锁定，强化平台在生态系统中的领导者地位，有助于平台进行模块化创新、形成专属价值、进行无边界发展，创造更多的创新流，从而获得竞争优势。

　　本章提出的网络平台战略驱动的传统企业跨界协同发展模式具有一般性，在现实中，处于不同发展阶段的企业选择的平台战略可能有所不同。此外，平台如何跨界整合，缓解实体经济资源有边界的供给约束与虚拟平台无边界需求的矛盾是以后值得进一步解决的问题。

第 2 章

网络平台型商业生态系统的
演化运行机制

　　未来的竞争不再是企业个体之间的竞争，而是商业生态系统之间的对抗（Dobson，2006）。近年来，网络平台商业活动发展迅猛，成为拉动居民消费、促进经济增长的重要来源。阿里巴巴集团控股有限公司（以下简称阿里巴巴）、北京京东世纪贸易有限公司（以下简称京东）、亚马逊公司（以下简称亚马逊）等网络商业巨头们纷纷构建起包括消费者、生产商、零售商、广告商、物流商、数据和软件提供商等相关主体在内的网络平台型商业生态系统。在通过网络关系构建起的商业生态系统中，企业能够突破自身的资源约束，实现企业间的资源互补与业务协同（Ranjay et al.，2000）。商业生态系统中的企业间分工更加精细，因而其需求识别、资源组合以及价值变现的速度和准确性远高于之前的传统价值链体系，生产效率更高（Ranjay et al.，2000），更能适应如今剧烈变化的市场环境。

　　在对平台型商业生态系统的研究方面，学者们多数以其本质为基础、兼顾平台特征和功能来解释平台型商业生态系统，将其定义为以互联网技术为支持，以平台为中心，相互依存的动态利益连接系统（Moore，1993；Peltoniemi & Vuori，2004；Zahra & Nambisan，2012）。在总结摩尔（Moore，1993）关于商业生态系统结构及组成的基础上，有学者提出平台型商业生态系统是连接相互关联的供应商、互补商、分销商及新产品开发商构成的网络生态系统（Mäekinen et al.，2014）。平台企业构建完商业生态系统之后，需要占据生态系统的关键位置（Kim et al.，2010；刘刚和熊立峰，2013），获得生态系统的领导权（刘林青等，2015），同时构建创新生态系统，使创新成为常态（Adner & Kapoor，2010；Gawer & Cusurnano，2014），才能使系统内外部伙伴高效率的合作，不断强化自身的竞争力。在互联网行业高速发展的背景下，研究平台型商业生态系统的演化机制问题可以帮助企业从系统层面明晰其动态变化，为平台企业的发展提供更切合实际的理论支撑。

关于平台型商业生态系统的演化运行机制问题，一些学者从其参与主体的构成、相互之间的关系（朱锐鹏，2016；胡岗岚等，2009；李春发等，2015）及发展策略等方面进行空间结构上的分析，另外一些学者则从时间的推移上分析系统的动态演化路径（郭旭文，2014）。然而，网络平台作为新兴行业，其商业模式、技术、制度等都具有较大的不确定性，这使得该行业中的企业面临着客观存在的复杂环境的威胁，企业应自动调整其目标、功能、结构和行为，促进系统的价值创造能力，以增强环境适应性能力，这就需要我们用发展的、动态的思维来看待其演化过程，而不是从单一的空间或时间的维度。复杂适应系统理论（Peltoniemi & Vuori，2014）中的系统成员具有层次性、独立性、适应性（张永安和李晨光，2010），同时还应考虑到环境变化带来的影响（Holland，1995），能够从多个维度和总体把握生态系统的演化运行机制。

基于此，本章从复杂适应系统理论出发，试图从平台商业生态系统的破界、跨界、无边界的成长路径，探索其演化运行机制，为平台型商业生态系统的进一步发展提出建设性意见。

2.1 网络平台型商业生态系统的架构

在关于平台型商业生态系统架构的研究中，学者们更多的是通过描述商业生态系统的构成元素及其关系来分析商业生态系统架构。如提出商业生态系统的4P3S的七维分析框架（Moore，1993），对商业生态系统内的企业适应性、多样性问题分析（Pehoniemi et al.，2004），对商业生态系统内企业间共生、共栖、竞争等6种关系的研究（田秀华等，2006）。但是，架构不是工作体系，而是对生态系统模块构建和各模块之间如何相互关联、模块属性相互作用的一种描述。这种高水平的描述指定了生态系统的组成，组成部分的外部可见属性，以及各部分之间的关系（de Weck et al.，2011）。在多变、不确定的环境条件下，网络平台商业生态系统是一个复杂适应系统（Peltoniemi et al.，2004）。这样的复杂适应系统是由在形式和能力方面有差异的主体组成，并且主体之间受规则约束、相互作用，随着环境的变化和自身经验的积累，主体之间通过不断变革规则来相互适应（Holland，1995）。

平台型商业生态系统作为一种新的商业模式，需要从整体角度出发，关注其参与主体的多样性、交易关系的多重性、交易规则的灵活性（吕鸿江等，2012）。

2.1.1　参与主体

网络平台商业生态系统是多主体参与的复杂系统，这些群体在系统中担当不同的角色和功能，对系统中成员的角色定位和匹配是维持系统协调发展的前提（Chesbrough & Schwartz，2007）。

本章参照摩尔（1993）对商业生态系统内种群的划分，将平台型商业生态系统内的参与主体按照功能不同，划分为：

第一，核心种群——平台企业，是整个生态系统资源的领导者，为系统成员提供共享式的平台服务，抛出"创新"的种子，吸引其他成员加入。扮演着资源整合和协调的角色，促进生态系统的价值创造与价值分享。

第二，支配型种群——平台生态系统内围绕平台企业进行交易的主体，主要包括客户、供应商、制造商、分销商、互补商等，是生态系统内其他群体服务的对象。该种群的用户需求是整个生态系统的核心驱动力。

第三，利基型种群——网络交易环境下，平台生态系统不可缺少的企业组织，包括物流公司、金融机构、软件供应商、大数据管理商等。这一种群的数量众多、差异明显，他们不依赖于生态系统生存，是促进平台系统的互补性创新，帮助提高系统整体竞争力。

2.1.2　交易关系

网络平台的参与主体是个体或公司组织，他们都具有自主判断和行为的能力，相互之间能够进行物质、信息等交互，学习积累经验，能够做出主动性和适应性的反应。平台型商业生态系统作为一种复杂适应系统，其理论的精髓在于主体在与生态系统中其他主体以及环境的相互作用中，为了适应环境，并且实现与其他主体协调发展，主体会对自身行为规则进行不断地修正与调整（张永安和李晨光，2010）。生态系统中的企业关系是多样化的，包括共生、共栖、偏害、互利共生、竞争、捕食等（龚丽敏和江诗松，2015）。

在平台型商业生态系统各主体之间的动态演化博弈中，主体选择合作策略的概率与合作策略带来的收益成正比（李春发等，2015）。基于上述分析，本章将平台型商业生态系统中的交易关系分为竞争与合作两类。

2.1.2.1 平台型商业生态系统中的企业竞争

按照是否在同一平台生态系统和是否在同一产业这两个特征，可以将这一生态系统中的企业竞争类型分为四类（见图2-1）。

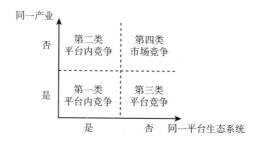

图2-1 平台型商业生态系统中的企业竞争分类

第一类，同一平台商业生态系统中的同一类型企业之间的竞争，他们可能是为了争夺生态系统资源，也有可能是为了争夺领导者地位。

第二类，同一平台商业生态系统中的不同类型企业之间的竞争，为了获得持久竞争优势，从而争夺系统的领导者地位。

第三类，不同平台型商业生态系统中的同类型企业竞争，由于其顾客类型相似，其本质是平台之间的竞争。

第四类，不同商业生态系统中的不同类型企业之间的竞争，其实质是市场交易竞争，本章不予重点关注。

虽然第一类和第二类都是在平台内部展开的竞争，其目的、策略却有所不同。第一类企业之间的竞争，其竞争的最终目的可能是获得领导者地位，但其竞争过程的首要任务是获得同类企业的领先地位。因此，企业需要善于利用平台企业提供的信息挖掘技术，关注终端客户的真实需求和潜在需求，通过联合互补企业的方式，赢得终端用户，激发平台网络效应，占据同类企业的领先地位。第二类企业之间的竞争集中在领导权上。基于平台领导权带来竞争优势的观点（Ceccagnoli et al.，2012），按照是否已经占据领导地位，将这类竞争策略分为两类：一是已经占据领导地位的企业在惯性的约束下，需要协调整个商业生态系统的参与者、合作伙伴进行内部能力演化、技术创新，维持自身的领导者地位；二是想要赢得领导者地位的企业，通过难以被复制的突破性技术创新、舒适的创新环境、互补者的补贴激励等（Amrit，2014），将生态系统中的其他企业吸引到自身周围。

2.1.2.2　平台型商业生态系统中的企业合作

平台型商业生态系统中的企业在长期的博弈过程中，为了缓解竞争生存压力以及获得双赢的需要，他们之间的负影响不断减弱，正影响关系趋向增强（龚丽敏和江诗松，2015）。互利共生是企业间合作的必要条件（李春发等，2015），企业在合作过程中共同创造价值、分享价值有利于相互之间构建、维系共生关系。

互利共生与长期合作之间是互为因果、相辅相成的。具体地，从平台核心企业角度来说，通过提供突破性技术创新、构建生态系统架构、协调生态系统互补者之间的关系，从而满足平台生态系统参与者之间的异质性需求，利用网络效应不断发展壮大自己。

从支配型企业和利基型企业的角度来说，他们通过与生态系统内的其他互补企业合作，提升自身的销售额、增加IPO发行的可能性以及获得更强大的延伸能力（Ceccagnoli et al.，2012），生态系统内企业之间的这种"长期利益均衡"，有利于提升企业之间的合作效率，降低交易成本。

研究平台型商业生态系统价值创造过程中的信息流、物流、资金流的流动，能够帮助我们进一步理解生态系统内部各主体之间的合作，以及其形成的互利共生的关系（田秀华，2006）。价值创造是网络平台商业生态系统生存和发展的根本，各个企业需要明确自身在价值网络体系中的定位和发展模式（李海舰等，2014）。

平台企业就是网络核心领导企业，支配型企业和利基型企业就是节点企业，用户社群也是价值网络中的节点。伴随系统的良性运行，物质、资金、数据、信息等资源要素在主体之间闭环流动，产生价值。图2-2描述了网络平台型商业生态系统中的资源要素流动和价值创造过程，可以分为4个紧密联系的环节。

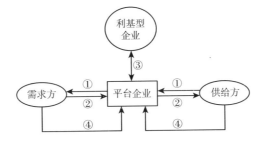

图2-2　网络平台型商业生态系统的价值创造过程

注：①~④代表要素流动和价值创造的四个环节。

环节①：商品和服务的传递。平台连接具有共生需求的双边用户社群，帮助他们之间进行商品和服务供需匹配和交易完成。平台模式节省了供需双方的搜索成本、信息交流成本，提高匹配效率，进而为需求方带去更大的消费效应、为供给方带去更多的利润。

环节②：注意力资源转化成资金流。在互联网经济条件下，注意力成为企业追逐的稀缺资源，也是利润的来源。需求方是注意力资源的供给者，伴随着商品和服务从供给方到需求方的传递，注意力资源转化成资金流，流动到供给方，一次交易活动得以基本完成，形成一个闭路价值循环。

环节③：交易数据和信息的汇集。大数据时代，数据和信息成为系统重要的资源。在交易过程中产生的数据汇集到平台企业，通过技术处理，转化成对平台系统有价值的信息。

环节④：交易支持性服务转化成资金流。供需搜索、匹配到交易完成，搜索技术、金融支付、物流快递、保险理赔、售后咨询等交易支持性服务必不可少。这些服务的供给来自支配型企业和利基型企业。通过平台，技术、金融、物流等交易支持性服务转化成资金流，形成平台主体与支持共生企业之间价值传递的闭路循环。

2.1.3 交易规则

本章将平台型商业生态系统中的交易规则界定为：为管理各个主体之间关系制定的法律法规和奖惩机制。其灵活性体现在交易主体之间涉及的法律法规较全面，有较多的奖惩机制可以选择。同时，交易规则随着平台市场的发展而灵活变化（田秀华等，2006）。法律法规为市场因素，属于平台外部力量。奖惩机制为平台内部因素，为平台企业所控制。为了获得平台商业生态系统的协调发展，平台企业需要解决主体之间的信任危机（Weck O. et al.，2011）、利益协调、信息不对称（胡岗岚等，2009）等问题，从而提高主体之间的合作效率，降低交易成本。因此，生态系统的核心企业需要建立相应的关系协调机制、利益协调机制。

（1）关系协调机制。平台商业生态系统中各成员之间的关系协调需要通过两个方面来建设：其一是信任关系的建设。基于契约的信任关系机制，适用于发展初期的商业生态系统，系统成员之间了解不够深入、掌握的信息较少。随着生态系统进一步发展、技术的进步以及信息的积累，使得关键种群能够作为第三方权威提供一种信誉机制，对于那些破坏合作关系的企业进行惩罚。其二是缓解信息不对称问题。平台企业可以通过制定产品或服务的质量标准从技术层面上缓解一定程度的信息不对称问题。此外，平台企业需要构建信息发布平台，为系统成员创造信息共享的环境，从而更容易甄别产品或服务的质量高低。平台企业应以第三方的身份对信息共享情况进行监控，建立身份认证机制、奖惩机制等。

（2）利益协调机制。平台企业可以从利益分配和激励约束两方面对商业生态系统内的成员进行利益协调。在利益分配方面，平台企业应当从成员在系统中的地位、为生态系统创造的价值等方面出发，公平合理地进行成员之间的利益分配。在激励约束方面，平台企业应对整个生态系统进行利益再分配，从而保持整个系统的公平。具体而言，应该按照系统内成员对系统贡献程度和其分配到利益的匹配程度进行再分配。对于那些对系统贡献大，但在利益分配时位于劣势地位的成员，给予补偿性的物质激励；反之，则做出相应的处罚。

2.2　网络平台商务生态系统的演化运行机制

网络平台商业生态系统的结构复杂性决定了其演化运行的方向选择是适应性的。无边界发展是基于互联网技术的平台企业未来的发展方向，其发展是一个从破界到跨界再到无边界的演进过程（李海舰等，2014）。虽然我们可以从业务、行业、空间等多个维度来定义无边界，但是，在平台的发展过程中，平台企业需要首先构建其自身的核心业务优势，才能在市场上获得生存，然后依托核心业务发展衍生业务。

从业务层面对破界、跨界和无边界的含义进行定义。"破界"是平台企业构建核心业务，利用网络效应，聚集平台双边用户形成核心业务平台的过程。"跨界"是平台基于核心业务开拓并衍生业务的过程。"无边界"则是平台融合核心业务和衍生业务的过程，也是实现产品、时间、空间的无边界，平台生态系统走向成熟的阶段。各个阶段的不同目标催生出不同的演化轨迹，体现了复杂生态系统在时间和空间维度上的演进。为了测量不同时间段下，平台型商业生态系统的变革程度以及其是否遵循正确的演化轨迹，本章通过构建战略性的、可操作的演化指标，分析平台型商业生态系统各个阶段的动力演化机制（见图 2 - 3）。

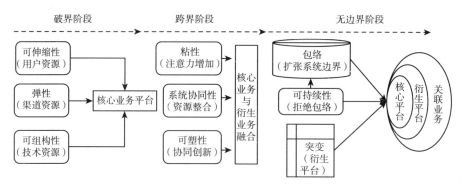

图 2 - 3　平台型商业生态系统的演化机制

2.2.1　破界阶段

破界阶段需要实现的目标是构建核心业务平台，其首要任务是利用平台的网络效应吸引双边用户达到临界规模。为了能够在用户数量不断变化的情况下维持其功能和运行的能力，要求成员企业具备可伸缩性。具体表现在平台对用户数量的容纳性上，即随着用户数量的不断增减，平台能够在不出现故障的情况下顺利地运行。

随着支配种群规模的增大，更多的物流、广告、信息服务、营销服务等利基种群主体逐步被纳入生态系统中，为核心业务平台服务。为了能够使成员之间协同服务，维持生态系统自身的服务水平，平台型生态系统必须增强自身的弹性，其特点是容错度、可修复性和稳健度（de Weck O. et al.，2011）。

在平台生态系统层面，表现为生态系统在一个成员企业发生失误的时候快速恢复功能或运转的正常。在成员企业层面，表现在即使平台或是其他与之交互的企业出错或倒闭，它也具有正常运转的能力。为了增强这一特性，平台型生态系统需要进行渠道资源的积累，通过构建各类制度机制，确保各类成员之间的关系协调和信息交互。

在能够维持正常的结构和功能的情况下，为了获得破界阶段的战略性演化，生态系统成员需要依靠积累的信息技术资源，根据从内外环境获得的反馈信息，进行自主调整，增进自身功能，即增强可组构性。生态系统的维护费通常只有25%用于修复错误，而其余75%的维护费是用来增进功能变化的（Eick S. et al.，2001）。因为，无法迅速有效地改变系统成员的组织结构可能会错过转瞬即逝的商业机会，在激烈市场竞争中被淘汰。

基于上述分析提出：

命题 1　平台型商业生态系统通过增强自身的可伸缩性、弹性及可组构性，实现用户资源、渠道资源、技术资源的积累，驱动核心业务平台的形成，实现破界演化。

2.2.2　跨界阶段

跨界阶段的平台型商业生态系统的目标是维持核心业务平台运行的基础上开拓衍生业务。维持核心业务运行的主要任务是增加系统的流量，又称"注意力时代"，注意力是平台市场的流量，是可以给企业带来无形资产增值、潜在产品或服务市场的稀缺资源。随着互联网功能的多样化发展，用户空余时间逐渐接近上限，获得更多用户的关注变得越来越困难。事实上，随着注意力的飘忽，平台出售产品或者服务的能力以及卖个好价钱的机会都会受到极大影响。因此，生态系统需要注重增强维持用户注意力的能力，即粘性。对系统粘性的度量可使用用户数量增长速度来衡量（Amrit，2014）。

为开拓衍生业务，生态系统需要挖掘价值终端的潜在需求和及时响应长尾需求。这依赖于系统成员在合作状态下为终端用户设计、提供新功能的能力，即可塑性。它反映了系统成员快速创新来满足新需求的可能（Eick et al.，2001），具体体现在生态系统孵化衍生业务的能力。

从生态系统参与者的角度来说，其加入生态系统的目的是为了杠杆化利用系统的资源，在与其他成员协同的情况下，增加自身的销售情况和 IPO 发行的可能性。因此，在跨界演化的策略性阶段，随着衍生平台的出现，系统成员的数量不断增加，核心企业作为领导者需要通过进一步完善各类认证机制、规则制度来增加系统协同性。系统协同的增加意味着系统成员随时间的推移能够整合并利用系统资源的能力更大。但这同时也意味着，系统成员对该生态系统的依赖程度更大。因此，系统协同的增加是一把双刃剑，一方面可能增强系统成员的能力与系统的整合性，另一方面也可能提高系统对成员的锁定性。

基于上述分析提出：

命题 2　平台型商业生态系统通过增强自身的粘性、可塑性和系统协调性，维持核心业务的运行，开拓衍生业务，实现跨界演化。

2.2.3　无边界阶段

经过破界和跨界的演化进程，系统成员个体和系统整体获得足够的能力来构建自身的可持续竞争能力，平台型商业生态系统开始进入无边界的演化过程。这一阶段的基本特征是不同领导核心的同质生态系统之间的竞争开始不断升级加剧。为扩大生态系统的边界，包络战略成为平台进入新市场克服在位者已有网络效应阻碍的有力方式（Eisenmann et al.，2011），其通过提供新功能向具有重叠用户群的系统扩张。成功的包络需要满足三个条件：第一，原系统必须与包络系统存在共享规模经济；第二，关键杠杆资产必须是相关的并且已经准备好向目标包络市场转移；第三，包络功能必须与包络系统领域相邻，包括用户相邻和价值链相邻。

生态系统在对其他系统实施包络时，需要注意拒绝被其他系统包络的威胁。这就需要生态系统培养自身的可持续性，即系统成员长时间维持竞争优势的能力，它衡量了系统成员在不断变化的竞争环境中的适应能力。为了增强系统的可持续性，生态系统需要不断整合包络资源，合理利用包络资源增强自身的核心业务和衍生业务能力。

演化的进程不仅体现在系统的规模上，还体现在子系统数量的变化上。平台型商业生态系统最终的战略性指标体现在其突变性，即意外地、偶然地创造一个衍生平台，这一衍生平台继承了母系统的一些特性，但又有与母系统完全不同的功能（Tiwana et al.，2010）。它是平台生态系统的一种进化，能够维持其竞争优势。首先，衍生系统保留了母系统的一些优势特征。其次，突变通过创建一个不直接与现有的产品或服务竞争的产品或服务，为母系统存活于激烈竞争市场的解决方案（Meadows，2008）。其实现与生态系统创新流的累积直接相关，因此，受到生态系统中期演化过程可塑性的正向影响。

基于上述分析提出：

命题 3 平台型商业生态系统通过增强自身的包络、可持续性、突变能力，扩展自身的业务边界，实现无边界的演化。

2.3 案例分析

2.3.1 阿里巴巴商业生态系统架构

阿里巴巴网络技术有限公司（以下简称阿里巴巴）核心平台包括：为中小企业提供交易信息服务的"1688 网站"，为集团最早建立的综合交易型平台，属于 B2B 模式；连接交易个体户的"淘宝网"，平台两端为个体商户和个体消费者，属于 C2C 模式；为品牌销售企业提供交易信息服务的"天猫商城"和"聚划算"，属于 B2C 模式。

为支持核心平台与制造终端和消费终端的交易，"支付宝"作为面向整个网站的开放性支付平台，为核心平台的交易双方提供暂时保管款项的信用服务。同时，为了完成交易产品的空间转移，"菜鸟网站"作为整合商品、消费者和商家信息，连接物流企业的物流平台，实现核心平台信息流、物流的传输。最后，核心平台海量数据的获取、存储、处理需要技术服务的支撑，"阿里云"作为信息技术服务平台，为用户提供服务器、应用软件开发、信息存储等功能服务。

作为一个成熟的平台型商业生态系统，阿里巴巴还构建了为核心企业提供增值服务的平台。平台包括：抓取整个网络系统中的商品信息，为价值终端提供购物消息的"一淘网"；为广告主和联盟成员提供连接服务的"阿里妈妈"；培训核心平台参与企业者的管理经验和商务专业知识的"淘宝大学"。

阿里巴巴商业生态系统架构如图 2-4 所示。

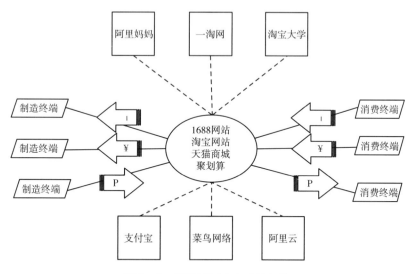

图 2-4 阿里巴巴生态系统架构

2.3.2 阿里巴巴商业生态系统的演化机制

本章根据对平台型商业生态系统破界、跨界、无边界的定义，将阿里巴巴生态系统的演化进程分为三个时间段，如表 2 - 1 所示。

表 2 -1 阿里巴巴生态系统的演化阶段

阶段	目标
破界（1999~2006年）	电商 B2B 平台存活和用户规模壮大
跨界（2007~2012年）	拓展 C2C、B2C 业务，培育支付宝平台，逐渐形成电商生态系统
无边界（2013年至今）	完善企业平台生态系统，延伸至场景经济和大数据经济，满足用户多方位需求

2.3.2.1 破界阶段（1999~2006年）

1999 年，以"让天下没有难做的生意"为使命的阿里巴巴成立，一开始专注于企业对企业的 B2B 领域。2002 年 3 月，为从事中国国内贸易的卖家和买家推出"诚信通"服务；2003 年 11 月推出通讯软件"贸易通"，让买方和卖方通过网络进行实时沟通交流；2005 年 3 月推出"关键词竞价"服务。根据 iResearch 的数据，按注册用户数目衡量，阿里巴巴 2006 年占据了中国 B2B 电子商务市场大部分市场份额。从此以后，阿里巴巴的 B2B 核心业务平台得以确立。

阿里巴巴在这一阶段注册用户数量的迅速增加以及其取得的重大发展（见图 2 -5），显示了其强大的可伸缩性。

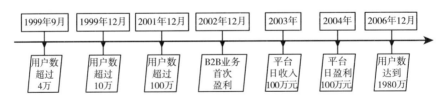

图 2 - 5 破界阶段的阿里巴巴用户数量变化

2003 年，阿里巴巴推出"淘宝网"，开始进军 C2C 行业。为了独立完成整个交易流程，依托"支付宝"，于次年成立支付宝网络科技有限公司，改善支付宝功能，使其能够支持其他网站的支付。为了契合阿里巴巴以口碑为重心，以信息化、社区化为工具促进电子商务发展的方向，阿里巴巴在 2005 年和 2006 年分别收购雅虎（中国）和口碑网，试图通过结合搜索业务不断增加自身的用户数量，最终成为广大网民们工作、消费和生活中不可或缺的一个组成部分。至此，阿里巴巴通过一系列的活动，完成了制度资源的积累（见表 2 -2）。制度资源的积累使得阿里巴巴生态成员之间的关系更加健康，同时在发生失误的时候能够及时补救，从而增强了自身的弹性。此外，网络科技有限公司的成立以及搜索引擎业务的结合，标志着这一阶段信息技术资源的积累，增强了自身的可组构性。由此支持了命题1的分析假设。

表2-2　　　　　　　　阿里巴巴破界阶段的协调机制

协调机制	具体制度	支持机构
关系协调机制	基于契约以及基于信誉的信任机制 诚信通、信用度、先行赔付等一系列的信誉评价体系	阿里巴巴的支付宝提供的支付中介服务
信息协调机制	信息沟通平台、信息共享氛围、多方位信息来源	雅虎（中国）、口碑网

2.3.2.2　跨界阶段（2007～2012年）

跨界阶段的阿里巴巴演化路径是维持B2B业务的核心定位，向电商C2C、B2C模式拓展，孵化支付宝平台，构建电商生态系统。阿里巴巴在进入跨界阶段之后，依然保持着用户数量的增长趋势。同时，增长率也呈现上升的趋势（见图2-6），体现了这一阶段生态系统粘性的增强。

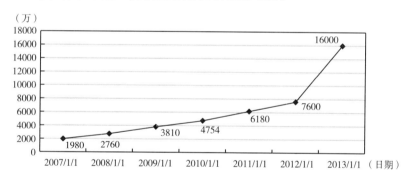

图2-6　跨界阶段阿里巴巴注册用户数变化

自2003年推出淘宝网，涉足C2C电商业务之后，阿里巴巴在2008年推出淘宝商城，并且逐渐发展成为独立的B2C电子商务平台。在2012年更名为"天猫商城"。负责网络交易核心环节的支付宝则在这一阶段依靠生态系统的客户资源优势、技术资源优势进行业务层面的创新，开拓跨界的新型业务领域。例如，开辟水电、煤气、电视、通信等缴费业务，涉足城市公共事业；全面接入淘宝、天猫移动端，跨界移动电商；推出蚂蚁花呗和蚂蚁借呗业务，向消费金融进行跨界；推出余额宝、招财宝和蚂蚁聚宝等产品，向理财市场进行跨界。系统成员通过整合资源进行创新，增加了系统可塑性。

当淘宝商城发展成为独立的 B2C 平台时，大量品牌供应商进入企业生态系统，丰富了阿里巴巴生态系统的企业类型，但这也导致了淘宝网的个体商户与淘宝商城上的品牌商产生恶性竞争。为应对这一现象，阿里巴巴出台新的招商规则，将技术服务年费和商铺违约保证金调高了 5～10 倍。

反观这一微观事件，是阿里巴巴在应对系统成员冲突关系的情况下，对原有协调机制做出的调整，体现了系统在这一演化阶段需要通过制度的修改、完善，增强自身的系统协调性。由此支持了命题 2 的理论假设。

2.3.2.3　无边界阶段（2013 年至今）

2013 年开始，阿里巴巴基于其对用户信息的控制权以及其在电商市场领域的霸主地位，围绕用户的全方位需求，明显加快了跨界并购和投资的速度（见表 2-3），充分体现了其水平包络能力和垂直包络能力。

表 2-3　　　　　　　　　　2013～2016 年阿里巴巴并购事件

行业类别	被并购企业	并购价值
系统工具	友盟	提供互联网的大数据
电子商务	苏宁云商、三江购物、快的打车、银泰商业	布局 O2O
金融	天弘基金、恒生电子	互联网金融，金融大数据
物流	海尔日日顺	加强阿里巴巴大家电物流
网络媒体	文化中国、Tango、新浪微博、优酷土豆、恒大足球、UC 优视、魅族手机、第一财经、南华早报、穷游网	影视大数据、社交大数据、新闻大数据、搜索大数据

分析阿里巴巴的并购事件可以发现，其扩张主要有两个方向，分别是布局场景经济和大数据经济。电子商务行业的发展能够为阿里巴巴填充线下实体商店的空缺；金融企业的纳入能够丰富支付宝平台的金融数据，为资金流的健康发展打下基础；网络媒体的并购能够为阿里巴巴带来丰富的信息数据资源，经过大数据的处理能够催生出强大的价值；而物流企业的纳入，则为系统填补了物流平台的空缺。至此，阿里巴巴通过合理整合并购资源，充分发挥信息流、物流、资金流的效用，获得系统的可持续发展，向无边界方向演化。

在突变方面，阿里巴巴于 2013 年成立菜鸟网络有限科技公司，将天网和地网合并，启用阿里云技术，开展"中国智能物流骨干网"项目，于 2013 年 12 月收购海尔日日顺，构建系统自身的物流平台。这体现了生态系统在这一阶段的突变能力。至此支持了命题 3 的理论假设。

本章小结

面对快速变化、不确定的内外部环境，环境适应能力成为网络商务生态系统生存和发展的必然要求。要提高环境适应性，就要求系统能够协调优化主体之间的复杂关系、凝聚力量，实现生存和发展的目标。本章主要运用复杂适应系统理论，对网络平台商务生态系统的复杂适应特征进行了全面地把握，分别从生态系统成长的破界、跨界、无边界三个阶段探讨了其演化机制。

第一，平台型商业生态系统是一个复杂性生态系统。这主要体现在其参与主体的多样性、交易关系的多重性、交易规则的灵活性上。其参与主体涉及多个种群，系统内成员的交易关系既涉及竞争又涉及合作。同时，为了实现系统的协调发展，平台企业需要建立身份认证机制、奖惩机制进行关系协调以及合理的利益分配。为了确保系统中的参与主体能够从提升各自内部能力转移到增加所参与的商业生态系统的整体环境适应能力上，网络平台商务生态系统需要做好以平台领导企业为核心的运行和管理活动。

第二，平台型商业生态系统的演化是一个渐进的过程，经历破界、跨界、无边界三个阶段，每一阶段的目标和演化指标不同。破界阶段，为了构建核心业务平台，系统需要增强自身的可伸缩性、弹性及可组构性，实现用户资源、渠道资源、技术资源的积累；跨界阶段，系统为了维持核心业务的运行，开拓衍生业务，需要增强自身的粘性、可塑性和系统协调性；无边界阶段，为拓展自身的业务边界，系统需要增强自身的包络、可持续性、突变能力。

第3章

基于网络平台型商业生态系统的
企业成长路径

在传统竞争战略下，企业重在以价格策略和营销策略与相似产品争夺市场份额。网络经济环境中，商业模式创新加快，在消费者有限注意力、易变偏好影响下，竞争扩展到不同商业模式的企业间（陈威如和余卓轩，2013；徐晋，2013；李海舰等，2014），导致意外的高淘汰率。互联网技术削弱了大企业的在位优势，曾经大规模占据市场的互联网公司相继衰落，不论是微软网络服务（MSN）、雅虎（Yahoo）等国际企业，还是中华网、博客中国等都难逃此劫。但是苹果、阿里巴巴等企业通过关键产品和服务平台，不断完善平台型商业生态系统，获得了显著竞争优势（陈威如和余卓轩，2013）。

网络平台型商业模式能有效激励多方群体互动，快速配置整合全球资源，弯曲打碎既有的产业链，重塑市场格局的商业生态系统架构（李海舰等，2014）。网络平台型商业生态系统中的互动发展机制是影响系统中企业间能否协同演进的主要因素，进而会影响到其成长性和成长轨迹，企业成长路径的选择和优化又关系着其竞争优势的获取和保持。那么，在网络平台型商业生态系统中不同类型的企业应该依循什么样的成长发展轨迹共同协同演进，克服困境，实现成长呢？该问题的解决对当前企业制定动态竞争战略，把握商业整合机会，构建商业生态系统，确立并增强自己的竞争优势具有重要意义。

3.1 企业成长的动因和路径

3.1.1 企业成长动因

企业成长一定意义上是对原有边界的突破。国际化等企业内生性成长是企业跨越边界能力演化的一种表现（Sapienza et al.，2006）。企业的内生性成长使企业既能保持原有所有者优势，又突破了地理边界；相较而言，外生性成长则更多地体现为全新边界或者虚拟边界的构筑，如通过战略联盟，企业与其联盟企业共同形成了新的虚拟边界，实现了交易的内向化，降低了知识传递、技术学习、市场分享的成本。近年来，学界已意识到彭罗斯（1995）的成长理论虽然强调了不同成长路径对企业绩效影响的异质性，但却忽略了环境因素对企业成长的影响（陈威如和余卓轩，2013）。

　　企业成长的关键是企业结构与功能的完善和对环境的适应。企业从创立时起，就伴随着合作、企业网络、社会资本、不同战略选择组合演化等多个外部要素的演化协同成长本身多要素进行共同演化，从而实现成长所需的资源管理和竞争环境之间的一致（陈威如和余卓轩，2013；徐晋，2013；李海舰等，2014；刘江鹏，2015）。特别是在一些发展中国家，不同的战略类型都表现出了不同的环境特征和竞争行为，当外界环境变化时，企业可以调整资源发展和市场定位，以实现企业成长（陈威如和余卓轩，2013）。当前大量研究都集中于解释不同企业的成长差异，却缺乏关于企业为了适应环境变化如何发展和成长的充分的定性差异的研究。

3.1.2　企业成长路径

　　企业持续的成长力来源于企业不断获得的感知和识别机会以及进行变革的动态能力（陈威如和余卓轩，2013），动态能力的获取建立在持续的核心能力基础上。以核心能力为基础而不断获取市场利润是很多传统企业采用的成长手段，资源丰富型或具有垄断性质的企业通过纵向一体化或横向兼并的方式实现企业的快速增长，而大多数企业采用内涵式成长方式构建核心能力，一方面，通过产品创新和技术创新提高产品或服务的差异化水平，建立创新性优势，实现突破性成长；另一方面，通过生产流程和交易方式的改造，降低内部成本，或改革组织结构，优化资源配置，但是节约的成本有限，持续性也较差。

　　事实上，单纯依循一种路径难以实现持续成长。以资源为基础的成长路径过于看重企业短期利润，容易陷入孤军奋战的局面，从而受到多方夹击。直接并购导致资源冗余和重组摩擦，传统成长路径将企业限制在自身所控制的资源内，成长的落脚点只有一个或几个，难以获得持续动态能力增长。在模块解构型成长路径中，通过解构自身的业务模块，专注于核心模块发展，通过与其他企业合作获得补充性模块，从而实现资源共享，扩大资源控制杠杆。在模块解构型成长路径下，虽然企业的业务范围有所缩小，但利润仍能实现增长。

企业网络理论将企业战略的研究重心从企业内部转移到其所处的网络。企业社交网络、合作竞争网络等都能为企业成长提供不同类型的资源，扩大其价值边界，网络能力的提高可以为企业提供新的特有的资源，扩大了权力边界，实现了成长路径升级（陈威如和余卓轩，2013）。

然而在网络经济环境下，受制于产业环境和市场趋势等因素，企业成长不仅与产业链上下游企业相关，还可能会受到跨行业的其他企业甚至是无业务关联企业的影响。传统的内涵式成长方式和外延式成长方式已不再适用（刘江鹏，2015），如何在更广泛的主体范围内，提高资源整合效率，提升整个企业的生态效率并实现快速成长，是开放式网络平台型商业生态系统发展亟待解决的主要问题。

3.2 网络平台型商业生态系统中的企业关系

网络平台型商业生态系统将企业置身于一个复杂且结构清晰的大组织之中，既受到组织的保护又面临组织设置的挑战（陈威如和余卓轩，2013）。系统的多样化内容和特定结构使企业能获得合作效益、分工效益和创新效益，形成较高的模仿壁垒，成员之间的协同与整合使系统能获得竞争优势（陈威如和余卓轩，2013）。

网络平台型商业生态系统扩展了企业竞争边界、突破了以企业为竞争单位的战略思维，将企业置于开放性的、动态的、复杂的利益联结环境中，为企业增强多元化竞争实力，突破固有资源限制的成长方式提供了基础，且深化了企业网络联接关系（陈威如和余卓轩，2013）。因此，在系统中如何选择合作伙伴、如何解决功能匹配等流程性问题尤为重要。

3.2.1 网络平台型商业生态系统中的企业角色

3.2.1.1 网络平台型商业生态系统的分类

平台的本质差别来自于其产生的源头。本章基于平台的构建基础对平台进行分类，缩小平台企业的成长环境，获得更精准的成长路径定位。

（1）原生型网络平台型商业生态系统。原生型平台是基于新的商业模式或技术而产生，构建时既无用户基础又无其他平台支持，一开始就以平台形式运作。通常该系统边界比较清晰，系统发展灵活性较强。如百度，初始定位平台为搜索业务，是独立运作的运行模式。

（2）衍生型网络平台型商业生态系统。衍生型平台是在已有平台的基础上建立起来的，或是由已有平台细分业务演化而来，或是与已有平台并列运营，但是在用户等资源上有所交叉（陈威如和余卓轩，2013）。以此建立的系统与已有系统的联系比较紧密，系统发展战略受到原有系统的影响。如淘宝网，是在阿里巴巴平台基础上衍生建立的关系平台，同时又与阿里巴巴上的其他平台交互影响。

（3）转化型网络平台型商业生态系统。转化型平台一般源于原有企业商业模式的转变，是在已有资源和用户的基础上建立的。该平台系统面临着诸多转型阻力，如企业之间原有合作协议不再适用和需要寻找新系统成员等，以及原有业务的转移和改制。海尔和苏宁等传统企业的网络平台式运营、京东由自营性的平台向第三方平台的转变，都属于这种平台类型（陈威如和余卓轩，2013）。

3.2.1.2　企业角色和作用

不同于传统的价值链，网络平台型商业生态系统是高度异质的，可以被分解为少数多样性的"核心"要素集组和众多扮演互补品角色、具有高度多样性的"周边"要素集组（Baldwin & Woodard，2008）。价值主张决定了企业的价值定位，是商业模式的核心构件，有竞争性的价值主张是企业在价值网络中持续生存的关键（徐晋，2013）。因此，本章基于价值主张将网络平台型商业生态系统中的企业分为以下三类：

第一类是平台企业。平台企业负责平台的构建和运营，是整个商业生态系统的基石，其系统性、基础性的价值主张决定着系统的商业模式（徐晋，2013）。

第二类是功能型企业。功能型企业提供的价值主张是满足最终消费者的根本性需求，体现在系统的最终产品或服务中。这类企业直接参与系统产品的生产或创新，如电子商务型平台生态系统的功能型企业包括产品制造商、加工商等，搜索引擎型平台生态系统的功能型企业包括搜索内容服务商等。

第三类是渠道型企业。渠道型企业为产品或服务供应商提供到达最终用户的通道，并在通道中将附加价值增加到产品或服务中，物流商、支付商、广告商等都是典型的渠道型企业。它们通过对产品/服务进行包装和推广，最后完成对顾客服务的闭环。

3.2.2　网络平台型商业生态系统中的企业互动机制

企业成长依循"定位—扩张—维持—创新"动态正反馈开放进化系统环逐步演化。其中，"定位"即正确认识自身优势，选择恰当的业务类型和业务范围，构建企业的价值主张，是企业成长发展的基础；"扩张"是在合理定位的基础上优化资源配置，提高运营效率，对价值内容进行取舍，调整组织结构，决定企业的发展方向；"维持"的目的不仅在于建立利润壁垒，还在于增加顾客粘性，获取选择合作伙伴时的话语权；"创新"是促进企业不断成长的内核动力。

这四个阶段错综复杂地镶嵌在企业成长过程中，顺序构成了企业成长的动态正反馈闭环。在网络平台型商业生态系统中，企业间的互动机制为企业成长的动态开放系统的循环上升发展提供了可能。

（1）镶嵌机制。系统的整体功能是各个企业功能的解构和再整合，系统的结构表现为不同企业选择自身定位，将自身价值镶嵌在系统的特定位置，进而提供相应价值。定位的确立是企业之间的博弈结果，取决于企业所处的环境和自身能力。镶嵌机制使企业之间的摩擦减小，协作倾向增强，定位错误的企业终究会被其他企业所代替，难以稳定镶嵌在系统中。

（2）传递机制。以平台为中心的商业生态系统具有完整的信息传递机制和价值传递机制，顾客需求和顾客价值通过系统终端向系统内部传递，即使是难以直接接触顾客的企业也能迅速获得信息，加之互联网的技术基础，有利于系统适应顾客主导逻辑下的商业环境（Edvardsson et al.，2011）。同时，在高度异质的网络环境下，企业的信息来源更加多样化，可以通过跨界发展建立新的顾客群，凭借系统对抗来自多方面的竞争。新入企业可以借助平台积累快速增强顾客基础，获取市场利润，突破启动门槛。

（3）衔接机制。平台运营企业是系统规则的缔造者和系统秩序的维护者，统一的平台治理标准有利于降低企业间的交易成本，提高信任度，优化业务流程，从而节约交易费用，提高运作效率（Willianson & De Meyer，2012）。在默认的规则下，企业之间可以省去不必要的沟通，减少矛盾，形成畅通的衔接体系。

（4）选择机制。系统内存在双向互动选择机制，平台商对接入平台的企业进行选择和评价，选择能与系统成长发展兼容的企业，淘汰价值贡献小和侵蚀系统利润的企业（Williamson & De Meyer，2012）。同时，处于相同生态位的企业之间也存在着竞争，弱势企业随时都有可能被挤出平台。此外，在平台企业和系统成员的竞合关系中，价值分配不均也会威胁到现存关系（Katila et al.，2008），致使一些企业选择脱离系统。优胜劣汰的选择机制是企业完善功能的动力，有利于激发企业的创新热情。

3.3　平台型商业生态系统中企业成长的路径选择

3.3.1　企业成长路径选择逻辑

合理的企业成长路径应使企业具有生命周期持续延长和实力不断增强的双重特征，企业成长路径的选择策略，应在一定的目标下，基于企业所在的系统类型和企业角色，并依据特定的选择标准进行构建。

首先，合理的成长路径的选择，应有利于整个系统目标的实现，系统目标包括高稳健性、高效率和高缝隙生态位的创造性（Sapienza et al.，2006）。

其次，网络平台型商业生态系统不同、企业角色不同，成长路径选择也不同。不同企业需要结合内外部情境，在网络平台型商业生态系统中正确确定企业边界，并有效管理和控制相应的生态系统活动，从而提升企业的竞争实力。由于外部环境在不断更新，企业也需对外界需求进行动态响应，并最终形成动态正反馈开放进化系统环来推进企业的自身成长。

最后，标准选择将决定企业对成长路径的选择。资源属性、价值目标和锁定能力，构成了企业成长路径的选择标准（Sapienza et al.，2006；Penrose，1995）。企业拥有控制权的物质资源、网络权力、声誉等都是企业进行成长路径选择的资源基础。各种资源具有约束度和灵活度两种属性，如果企业在运用资金、更改规则等方面受到的约束性因子越多，约束度则越高；如果灵活性因子越多，灵活度则越高。企业的价值目标包括价值类型、价值获取，是其行为决策的直接导向。持续成长的关键取决于企业的锁定能力，具体表现为企业核心能力和系统中权力边界的拓展（刘兰剑，2011）。因此，在网络平台型商业生态系统中，企业的成长路径选择即是在约束度和灵活度的共同作用下，将自身资源在业务维度上进行再次分配的逻辑，占据商业生态系统的关键位置，获得控制权，改变产业结构，重构合作关系，并不断强化自身的核心竞争力。

在网络平台型商业生态系统中，企业成长路径选择的逻辑如图3-1所示。

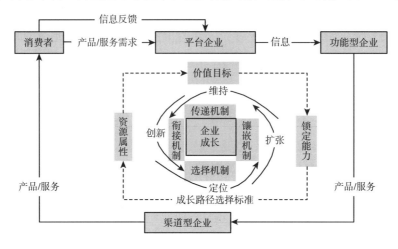

图3-1 企业成长路径选择逻辑

3.3.2 原生型网络平台商业生态系统中企业成长路径选择

原生型网络平台商业生态系统中的平台企业的成长策略选择具有很高的灵活性，在对系统价值主张定位、平台接入者类型、目标用户群体选择等方面都有很大的自由度。基于价值是商业模式的核心考虑出发（Penrose，1995），系统中的平台企业应建立差异化、清晰化的价值概念，并以此为定位构建商业生态系统的框架。随着以平台为基础的商业生态系统逐渐受到网络效应驱动而带来增长时，如何保证足量的同边和跨边主体参与到原生型平台商业生态系统中突破临界规模，是平台企业能否激发间接网络正反馈效应，实现跨界成长的关键（Penrose，1995）。此时的平台企业可以开放接口，方便双边用户接入，提高与相关平台的兼容性，多方面开展合作，提高用户知晓度，步入平台企业的扩张成长阶段，完成平台企业的跨界积累。

平台企业功能接口的多样化程度决定了用户需求满足度和系统生物复杂度，而系统的多样化功能由功能型企业和渠道型企业共同提供。因此，当原生型平台商业生态系统突破临界规模后，可以通过多样化功能接口的构建与完善，达成多方合作，间接性地获取甚至控制更多的能力和资源，并转化为系统内在的创新能力，从而有助于平台企业核心身份的锁定和竞争优势的获取。为了原生型平台商业生态系统的健康发展，平台企业不仅需要建立公平的价值分配体系，降低系统内企业间的摩擦，提高平台接入企业的粘性；还要接入更多的缝隙型企业，丰富系统的多样性，完善系统的价值供给，提高用户粘性。

在平台构建阶段，平台企业、功能型企业和渠道型企业间相互依赖，内部竞争压力不大。顾客价值正在从产品向解决方案、强调体验迁移，高水平的客户体验是提高声誉和增加价值的重要因素，使企业在愈加激烈的竞争中脱颖而出（Teece，2010）。长远看来，功能型企业在嵌入原生型平台商业生态系统后，应借助平台系统的资源聚合和信息整合优势，关注、发现并创造顾客需求，将产品/服务创新作为其成长路径选择。同时，也需注意到产品价格是功能型企业的约束因子，过高的价格定位会使系统客户脱离，因此需要平衡长期利润与短期利润以实现稳健成长。

渠道型企业要清晰自己的价值定位，借助先入优势，修炼企业产品/服务的差异化水平，增加客户粘性，避免盲目扩张业务范围而降低核心竞争力，通过窄而精的成长路径选择，提高企业在系统中的锁定能力，从而成为系统子领域中的领导者。

3.3.3 衍生型网络平台商业生态系统中企业成长路径选择

衍生型网络平台商业生态系统对母平台具有较强的依附性，母平台为其发展也提供了重要支持（Eisenmann et al.，2011）。因此，系统中的平台企业面临着较高的选择约束，需要同时兼顾母平台的利益和自身的发展，通过加宽与母平台的连接通道，使得母平台的资源在新系统中得到深度挖掘和再利用。

平台经济的用户本位主义表明，平台的扩张要重视用户的关键性作用（Evans，2009）。母平台的客户资源是与衍生平台距离最近的用户群，通过宣传和服务绑定，积极引导母平台用户率先接入新平台。平台企业遵循从专业化、辅助性到多样化、相对独立性的成长路径，借助母平台已积累的网络外部性效应，深度挖掘客户资源，审时度势地与具有特殊能力和特定资源的企业合作；通过不断提升自身的核心竞争力，建立模仿门槛，稳固平台企业的身份锁定能力。正如支付宝平台从起初的淘宝网专业化支付工具发展成集理财、生活缴费等服务为一体的多功能平台，而不再附属于淘宝网而存在。

功能型企业和渠道型企业都有两种类型，一种是嵌入在母平台的企业，另一种是新嵌入企业。原有嵌入企业具有在位优势，新嵌入企业需在价格或产品上采取渗透战略。母平台的功能型企业应借助在位优势，将企业的价值边界延伸到新平台，在两个平台间动态调整资源配置，巩固和强化在两个生态系统中的话语权。新接入的功能型企业与原有用户和系统内其他企业的关系比较松散，可以通过深入挖掘用户的潜在需求，以区别于在位功能型企业的价值内容，重视高价值输出，以渗透性的价格实现成长。

渠道型企业一般具有轻资产特征，资源的多重利用性是其灵活性因子，已经嵌入母平台的渠道型企业应重视范围经济，抢占新平台的缝隙型角色，获得双重成长通道。新接入的渠道型企业在关系劣势下，需要找出系统功能的缝隙并嵌入进去，通过不断强化自身专业化水平，为平台上的用户提供特色服务才是成长路径选择的关键（Penrose，1995）。

3.3.4　转化型网络平台商业生态系统中企业成长路径选择

转化型平台企业面临着将已有业务、价值网络和用户群选择性地转移到新平台上的挑战，其商业生态系统的转化设计要具有平滑性和衔接性，这为其成长路径的选择设置了很多约束性因子。以原有客户需求为支点，最大限度地保留客户是平台企业能否顺利成功转型的关键。由此，平台的扩张应重视维持已有用户基础，为已有用户设置平台转换通道，降低用户转换成本（Penrose，1995），借此快速激发间接网络效应，突破临界规模而实现扩张。同时，在新的平台商业生态系统网络构建中，平台企业的灵活度较高，可以根据自身需求将原有价值网络进行解构和重新整合，以已有品牌力吸引更具价值的新的功能型企业和渠道型企业加入，将利益相关者纳入价值创造中，实现更好的资源配置，从而实现平台企业的自有价值（Penrose，1995）。

最初，转化型网络平台型商业生态系统的功能型企业的角色主要由平台企业承担。它的主要任务是使最终用户达到一定规模，同时吸引更有价值的第三方功能型企业加入系统中，并激发间接网络效应进而突破临界规模。

新进入的功能型企业在产品价值种类的选择上拥有较大的灵活度。通过专注于自身原有的互补功能，以及平台企业所提供的功能型产品/服务形成差异化，逐渐在平台上成为自有功能领域的核心主体，借助平台优势逐步提高自身的锁定能力。但随着平台上同类企业数目的增加，利润获取难度相应增加，功能型企业仍需在扩张中修炼内功，让用户参与改进，在兼顾最终用户的价值需求下优化产品基本功能。在成长到一定阶段后，功能型企业既要增加与品牌一致的新产品或服务，也要坚守品牌核心，可以将次要业务外包出去，实现分工效益，深化自身的竞争优势，增强品牌形象。

渠道型企业一方面来自平台自建，另一方面来自平台外部。在平台的支持下，平台自建的渠道型企业具有垄断性特征，以专业化的渠道功能为基础，向平台化运营发展是其成长的合理方式。来自平台外部的渠道型企业在定位时要避免与平台自建的渠道型企业的生态位重叠，以独特的价值贡献实现自身增值，另辟蹊径增加对系统的锁定性，从而获得在系统中长远发展的机会。

本章小结

动态能力理论强调资源整合、建立和重新配置内部与外部能力，让企业适应环境的快速变化。当下，无论平台企业，还是功能型企业和渠道型企业，都需要将企业的成长路径镶嵌到平台型商业生态系统中，通过整合内外部资源构建无法模仿的核心竞争能力，实现跨界成长和动态发展。

本章基于平台性质将网络平台型商业生态系统分为原生型、衍生型和转化型，从资源属性、价值目标和锁定能力角度，分别对不同网络平台类型中的平台企业、功能型企业和渠道型企业的成长路径进行分析，以期解决当前企业成长面临的困境，并为网络经济环境下企业的成长策略提供新思路。

尽管在网络平台型商业生态系统中不同类型的企业成长路径是不同的，但是最终的成长目标是一样的。当系统内部企业间的互动机制与经济利益逐渐强化，形成稳定的产业架构系统和生产服务交易秩序后，对平台企业而言，一旦其为系统提供的服务能力和领导者身份突破了临界规模后，在动态正反馈开放进化系统环的推进下，会逐渐锁定平台身份，并以此为依托，合理地选择企业边界，借助企业的核心优势控制住商业生态系统，并防止竞争对手模仿。这样一方面能够更好地满足消费者需求，另一方面能有效确保和提升竞争优势。对功能型企业和渠道型企业而言，借助嵌入网络平台型商业生态系统中的机会，通过不同的成长途径，可以充分发挥自身优势和外部资源，重构合作关系，逐渐发现控制生态系统的关键点，整合更多的能力与资源，促进企业成长，以此演化推进企业成为子系统中的核心，并最终促使企业进行价值链再构，建立自我为核心的新的网络平台型商业生态系统。

企业成长是经久不衰的研究课题。现实经济的发展将会为企业成长提供更多可能性，企业成长理论不仅可以和平台经济理论、商业生态系统理论相结合；未来还可以与更多的新理论相互关联，以完善企业成长理论架构。

第4章

平台企业跨界成长的金融
支持模式

　　跨界融合可以满足用户的多样化需求，增强企业的市场竞争力。因此，目前许多互联网企业选择跨界作为未来发展的方向。实际上，已经有很多互联网平台企业进行了跨界经营，并向无边界发展。百度、阿里巴巴、腾讯作为中国互联网行业的三巨头，较早地实现了跨界成长。百度基于其核心搜索业务，逐渐向教育、金融、汽车、生活服务和医疗等领域渗透，并实现跨界发展；阿里巴巴从电子商务扩展到物流、支付、医疗服务和餐饮；腾讯基于其在即时通信上的优势，以微信为主要平台，从社交网络开始，逐渐进入电子商务、移动通信、支付和其他领域。

　　这些互联网平台公司的跨界发展打破了其涉足行业原有的平衡，改变了行业内原有竞争格局。面对越发激烈的竞争环境以及互联网企业带来的新冲击，越来越多的传统公司开始摆脱其原始的商业思维，利用互联网技术，基于其原本的核心业务向新的行业进行拓展，实现跨界成长。如苏宁公司实施的"实体店+电子商务平台"O2O模式，实现了线上与线下经营相结合。

　　当前，网络平台企业跨界成长能产生协同作用，从而使企业获得竞争优势。网络平台企业基于这种优势构建商业生态系统以谋求企业未来发展。网络平台公司与实体经济跨界融合随着"互联网+"的不断深化逐渐加深，为进入新常态的中国经济带来了新的活力。但是，目前我国企业的跨界成长大多处于探索时期，一些互联网平台企业也处在跨界发展的初期，学术界也越来越重视平台企业的跨界成长。

　　随着腾讯频繁进行跨界行为，这些互联网公司筹措资金的活动也引起了各行各业的关注。在过去的20年中，中国的互联网企业经历了几次上市浪潮。

上市后，为了筹集更多资金进行跨界活动，这些企业通过公司债券发行、银行贷款和增发股票等方式筹集了大量资金。例如，阿里巴巴在 2012 年和 2013 年分别获得了 30 亿美元和 80 亿美元的国际银行银团贷款，并在 2014 年发行了 80 亿美元的公司债券。大量资金为阿里巴巴收购优酷土豆、高德地图、新浪微博、南华早报以及 UC 浏览器等公司提供了有力的资金支持。资金等财务资源是企业成长和扩张所需的核心资源，新兴网络平台企业的跨界发展与金融市场资金支持密不可分。

与互联网公司积极开展跨界活动相比，学术界在研究平台组织的跨界成长方面略有滞后，并且也少有文献基于企业跨界演进过程来研究互联网平台企业融资模式的选择。那么，为何跨界经营能够促进互联网平台企业自我成长？跨界成长的平台公司如何选择其融资方式？或者说跨界成长的网络平台公司通常选用何种融资模式？如何验证基于理论分析选择的融资模式的真实性？在当前互联网时代，企业面临经济金融化的背景下，对这些问题进行分析研究将有助于理解网络平台企业跨界经营背后的逻辑以及其选择融资方式的合理性，并能够为互联网平台企业合理选择融资方式提供指导，以促进其实现跨境成长，进一步地，有利于发挥金融服务实体的作用，支持互联网公司与实体经济相融合，实现协同发展。

4.1 研究现状

4.1.1 基础理论

4.1.1.1 双边市场理论

平台的研究是从双边市场的研究中延伸出来的，因此有必要先梳理双边市场的理论研究。

第一，双边市场具有不同于单边市场的特征。首先，在微观结构方面，相比于单边市场看重价格水平，双边市场更看重价格结构（Rochet & Tirole，2003；程贵孙和陈宏民等，2006）。双边市场的价格结构呈现出非对称定价的特征，即平台企业对平台两侧的用户采取不同的收费机制。在通常情况下，平台往往对某一侧的用户采取完全免费策略，从而吸引用户进入。实际上，平台定价受到双边用户的需求弹性的影响，可以不完全反映出平台的边际成本（Evans，2003a）。

第二，双边用户对平台的需求是内生的，并且具有互动性。需求的内生性是指平台两侧用户的需求是互相依赖的，和平台内的价格水平和价格结构无关。需求的互动性是指双边用户以改善互动效用为目的对平台提出需求，需求的互动性对平台企业设计的平台机制提出了要求。一种良好的平台机制需要能够满足平台的建设与日常维持，解决"鸡蛋相生"问题。

第三，双边平台内两侧的用户之间具有交叉（跨边）网络外部性效应（程贵孙和陈宏民等，2006），平台会将这种外部性内生化。徐晋和张祥建（2006）认为，平台在一定意义上是一种以网络外部性为特征的经济组织。具体而言，跨边网络的外部性是指平台给一侧用户带来的价值很大程度上取决于平台另一侧的用户规模，平台一侧用户的经济行为会给平台另一侧用户带来外部性，但用户必须依靠平台来内生化这些外部性，无法绕开平台获得这种效用（董亮和赵健，2012）。交叉网络外部性必须通过平台进行内生化，平台化才成为了双边市场交易中企业的重要战略选择。

第四，用户具有多重归属的特性。用户的多重归属是指由于市场上存在许多功能相关或不相关的平台，双边市场中的用户可以选择进入多个平台，并与平台产生关联。用户多重归属受到多重因素的影响，比如用户多重归属所付出的成本和获得的收益、跨边网络外部性的大小和性质以及竞争性平台之间的差异程度等（纪汉霖，2011）。由于平台之间可以存在壁垒，不兼容或无法互通，所以为了快速高效地达成交易，平台市场上用户的多重归属行为是理性的（Evans，2003b）。

综上，平台是互联网时代背景下的一种商业模式。平台模式是平台企业连接两个及以上特定用户群体，满足用户需求，为平台内用户互动设计机制，并实现平台企业与平台内主体互利共赢的商业模式，而模式的关键在于构建平台生态系统（陈威如和余卓轩，2013）。

4.1.1.2 价值创造理论

平台模式逐步成为主流商业模式，平台企业也借助平台来实现与双边用户互动，进行价值创造，从而实现跨界成长。基于价值创造理论分析平台企业的跨界动因是有必要的。

如今社会已经进入了互联网经济时代，企业的价值主要是由顾客赋予产生的（李海舰和冯丽，2004）。在互联网经济的大背景下，以需求为中心的企业商业模式才能创造更多的价值。互联网经济的本质是体验经济、服务经济，所以在互联网经济下，用户本位主义超过厂商本位主义，用户才是价值创造的根源与起点。

互联网改变了价值创造的载体。工业经济时代作为价值创造的载体的"价值链"已经转变为互联网时代价值的"价值网络"，通常价值网络又被称为"商业生态系统"或者"商业生态圈"等（李海舰，2014）。

以顾客价值为中心重新构造原有价值链，价值网络打破了传统价值链的线性思维，突破了对价值创造进行顺序分离的机械分析，保证了价值链上的各个用户主体能够在网络价值最优的原则下创造价值。让消费者参与到生产活动并主动进行价值创造，实现厂商与消费者的连接与有效互动，创造出消费者与厂商共同分享的"连接红利"。这正体现了互联网经济时代企业平台模式创造价值的重要机制（罗珉和李亮宇，2015）。

互联网经济时代的价值网络分为核心企业和模块化企业，平台企业就是这个价值网络的核心企业。平台企业提供模块化集成的平台供其他企业使用，而模块化企业则在平台价值网络中发挥其核心能力，从而融入商业生态系统中，并实现价值创造。以客户需求为中心，价值网络连接平台中的客户、平台企业和模块化企业，实现主体间的协同发展。进一步地，企业之间的边界逐渐模糊。随着平台生态系统的发展和壮大，平台企业和模块化企业都会随之成长并发展。

4.1.1.3 交易成本理论

平台模式具有将跨边网络外部性内部化的明显优势，有利于节约交易成本，推动平台进行价值创造。科斯（1937）认为市场中交易存在交易成本，市场交易成本可以分为签约成本、解决纠纷的成本、价格发现成本和协商成本。企业正是因为能够在企业内部完成资源匹配、整合等活动，从而实现交易成本内部化。威廉姆森（Williamson，1979）认为交易不确定性、交易频率、交易商品或资产的专属性这三个因素决定了企业交易成本。这三个因素通过影响交易成本，进而影响到交易效率。进一步地，学者们还发现信息技术的运用可以有效降低交易风险以及协调成本（Clemons & Row，1992）。

4.1.1.4 企业成长理论

跨界并不是企业的最终目的，而是实现盈利增长以及企业成长的途径和手段。企业成长理论具体包括外延性成长理论和内生性成长理论。外延式成长理论由战略管理理论中的环境学派提出。该理论强调企业可以通过并购活动在产业链上获得有利地位，最终实现企业的多元化成长。内生性成长理论则提出企业成长的速度、方式和界限由企业内部未被利用的资源情况决定，企业内部各种因素互相影响、综合作用，并形成的内生性比较优势，从而决定了企业的成长（Penrose，1959；杨林岩和赵驰，2010）。事实上，多元化理论是企业通过跨界成长获得优势来源的重要理论依据。

企业成长不仅表现在企业利润额、销售额、企业规模和资产额等多种外在可量化指标的增长，而且也表现为企业环境适应能力、资源整合能力、创新能力等内在能力提升上。因此，企业跨界成长是企业通过跨界提升外在经营能力和内在能力，进而协同实现企业成长。

基于动态视角企业成长是逐渐演进的周期过程，可将企业视作一个生命体，分为萌芽期、成长期、成熟期和衰退期四个阶段，在不同阶段可以依照企业年龄、企业规模、财务表现、产品或技术周期、管理风格等特征来划分企业的成长阶段。

4.1.1.5 无边界企业理论

传统经济学理论认为企业的边界由边际收益等于边际成本的临界点决定，指的是物质边界。无边界企业理论认为，随着互联网技术和信息技术的发展，企业不再具有明确的边界，其边界可以趋于无穷。这个无边界更侧重于企业能力的无边界，即企业边界的范围由企业核心能力的强弱决定（李海舰和原磊，2005）。

企业向无边界企业发展的过程中，需提炼核心能力，将其以价值模块形式融入价值网络中，突破有边界的物质实体的约束，实现企业能力发展的无边界（李海舰和陈小勇，2011）。可见，企业无边界成长是利用互联网信息技术，培育互联网思维，实现企业破界、跨界到无边界的突破（李海舰等，2014）。要将企业无边界发展看作一个动态演化的过程，而不是单一的、片面的过程，这将有利于研究平台企业跨界成长，为其动态演进过程分析提供新思路。

4.1.2 企业跨界成长

随着互联网技术的发展，企业跨界成长的技术条件和商业环境都发生了较大变化。

4.1.2.1 企业跨界成长研究

跨界发展逐渐成为企业成长和扩张的主要方式，在企业跨界的内涵和类型上，奚洁人（2014）把跨界分为横向跨界和纵向跨界。横向跨界是个人或组织对不同元素、文化、学科、组织、行业、界别、领域和专业的交叉、跨越、重组以及合作；纵向跨界是对一连串环节的突破与整合。《跨界》一书中将跨界理解为企业打破原有行业的惯例，通过转嫁行业之外的价值或进行全面创新来实现企业价值跨越的一种品牌行为。陈亚飞（2015）指出企业跨界包括品牌、产业、渠道、营销、技术、服务、产品、文化、业态、地域等多种类型的跨界。罗珉和李亮宇（2015）指出跨界是企业跨越行业或者领域开展合作，也称作跨界协作，模糊了原有边界，为企业创造了新的价值。

企业跨界成长将有助于产品创新（张文红和赵亚普，2013），不仅为消费者创造了新的价值，帮助企业分散了经营风险；还有助于企业品牌形象不断完善，构建出新的商业模式，形成新的竞争优势（李学军和谷鹏，2014；林志扬等，2014）。跨界发展作为企业的一种创新发展路径，打破了不同企业、行业、产业之间的边界，实现了技术、信息、资本等各种生产要素在企业间的重新组合与交叉配置（陈亚飞，2015）。

4.1.2.2 互联网与企业跨界成长

在经济领域中，互联网改变了交易场所，拓展了交易时间，丰富了交易品类，加快了交易速度，减少了中间环节（李海舰等，2014），改变了整个商业环境。互联网为企业跨界提供便利途径，同时互联网企业采用平台模式整合实体经济，实现了企业跨界。

互联网技术通过影响企业边界进而便利企业跨界。互联网是一个具有快速、成本低、便利等特点的开放性的信息交流平台，它降低了企业之间传递信息的成本，进而降低了企业间信息不对称程度。按照交易费用理论，互联网的出现和发展降低了企业的交易成本，必然会使企业的边界发生变化（杨蕙馨等，2008）。在互联网经济的背景下，企业边界逐渐模糊，变得可渗透和具有动态性（高小平，2014）。

互联网是一个高速传输信息的通道以及汇聚信息的平台，各类经济资源本质上都可以看作是信息的映射（罗珉和李亮宇，2015）。因此，互联网有利于资源进行跨时空、跨企业、跨行业的转移以及整合，从而为企业跨界提供了有利条件。

随着互联网不断普及和逐渐渗透，不断有新兴的互联网企业崛起，它们借助于互联网的平台属性，在平台模式下进行跨界资源整合，实现平台成长与发展（刘江鹏，2015）。

互联网以及互联网企业的发展大致能分为三个时期。第一代互联网以"人机互联"为主要特点。这个阶段里的互联网企业通常是指门户网站企业。第二代互联网时期以"人人互联"作为主要特点，实现了点对点式的互动，随之发展出了传统企业的网络化、信息化。这个阶段中的互联网企业主要包括各种媒体、软件平台、支付工具和交易中介等双边平台企业（李允尧等，2013）。第三代互联网时期是指移动互联网时代。在这一阶段，智能手机和平板等移动终端实现了全世界范围内的移动互联，这使得互联网企业的平台特性进一步得到强化。

罗珉和李亮宇（2015）认为跨界协作将逐渐成为商业的新常态。平台企业通过社群跨界和技术跨界这两种方式吸引到更多的用户群体，不断与用户进行协同发展和价值创造，并在互动中持续为用户提供价值，使双方都能享受到"连接红利"的收益，从而推动平台企业的发展。赵振（2015）研究"互联网+"，基于互联网的新兴企业借助网络跨界融合实体经济，改变了传统产业竞争格局，对产业和市场基础产生了"创造性破坏"，进而冲击了传统企业强势的市场地位。

4.1.3　企业融资模式

资金是企业成长所必需的关键资源，而融资功能正是金融的核心功能（白钦先和谭庆华，2006；博迪等，2009）。因此，金融通过为平台企业提供融资支持来助力企业跨界成长。

4.1.3.1　理论研究

金融市场中融资方式各种各样，不同融资方式具有不同特点。从资金来源上可以分为内源融资以及外源融资，外源融资又可以分为股权融资和债权融资。公司在选择融资方式时，要考虑与公司的成长阶段以及经济特征是否相匹配，与融资结构相关联。

MM（Modigliani and Miller）定理、企业金融成长周期理论以及优序融资理论这三个理论是现代企业融资结构的基础性理论。但这些企业融资结构理论是从静态视角来分析企业融资方式。在现实中，随着企业成长和发展，不同阶段会选择不同的融资方式和融资顺序。伯杰和尤德尔（Berger & Udell）在1998年提出企业金融成长周期理论（Financial Growth Cycle），在创立的初始阶段，企业以内源融资为主，成长和成熟阶段则以外源融资为主，在该阶段股权融资比重上升、债权融资比重下降。

在这些研究基础上，张捷和王霄（2002）认为中小企业存在金融成长周期，在不同周期内源融资、股权融资以及债权融资在企业融资结构中的占比有所差别。郭斌（2005）比较了银行贷款和企业债券这两种债权融资方式后发现，企业发展阶段、企业规模、行业和国别等都会影响到企业选择具体债权融资方式。相比于银行贷款，企业债券融资要求更高，该方式更适合资本结构中负债较少、自有资本较大、盈利能力较强、规模较大并且市场声誉良好的成熟大企业。夏清华和易朝辉（2009）指出创业型企业从创立到成长期，对资金都有较大需求，但往往难以获得足够资金，这种矛盾会影响企业发展。创业企业难以从外部融资中获取资金的主要原因是信息不对称。所以，政府推出融资支持政策帮助解决创业企业前期的融资难题，有利于企业摆脱其融资困境。白骏骄（2014）基于互联网企业发展与融资周期模型，初创期互联网企业选择天使投资，成长初期融资方式变为VC和PE，扩张期会选择上市融资或者风险承受能力较小的风险投资，稳定期则主要选择债务融资等风险比较小的融资方式。综上，互联网企业的融资决策和企业金融成长周期理论存在差异。申洁（2015）认为由于互联网企业商业模式的独特性，其主要融资渠道是股权融资。

4.1.3.2 实证研究

现有的实证文献大部分是研究互联网企业的融资方式，主要从融资方式对企业绩效影响这一角度进行分析，较少从跨界演进视角分析平台企业成长过程中的融资模式选择。

侯莹（2010）基于中国中小板中上市公司的融资结构，发现在中小板企业融资结构中股权融资所占的比例最大，内源融资次之，最后是债权融资。其中，股权融资占比与企业经营绩效呈现显著负相关；而内源融资对净资产收益率产生了积极的影响；债权融资中的短期银行贷款以及财政融资方式对绩效影响存在明显差异，短期银行贷款对经营绩效的影响显著为负，但财政融资却存在积极的作用。邢雪峰（2012）研究了 2000～2010 年在美国上市的 34 家中国互联网企业，发现境外融资不利于互联网企业的经营绩效提升；而公司的资产规模越大，外部融资对公司增长的刺激越积极。所以，只有大规模的互联网企业合理实施多元化才能产生积极的结果。白骏骄（2014）以中国互联网企业为研究对象，检验了其创新与外部融资约束的关系。他选用以电子商务、团购、搜索、网络游戏等业务为主的中美互联网共 61 家企业的数据，发现相比于国外的互联网企业，在研发投入上中国上市的互联网企业面临的外部融资约束更大，而债务融资明显促进了我国互联网企业创新能力提升。张亚光（2014）基于我国中小板上市公司的数据，分析了我国高科技中小企业在成长期和成熟期的融资方式选择问题。结果显示，相比于债权融资和股权融资，内源融资对经营绩效的影响更大；而在成长期和成熟期阶段内，相比于债权融资，企业股权融资对经营绩效的影响更大。

4.1.4　文献述评

随着互联网经济不断发展，平台企业纷纷开展跨界经营，企业跨界是动态演进过程。当前大多数研究是基于企业生命周期理论展开对企业成长的动态分析，主要基于财务绩效、企业规模等标准划分企业成长周期。这种划分依据与基于平台模式的企业跨界成长的契合程度不高。考虑到平台企业的平台特性，本章尝试运用价值创造理论、交易成本理论以及双边市场理论对平台企业跨界成长的内在机理进行分析。无边界企业理论提出了企业破界、跨界到无边界的演进过程，这为动态分析平台企业跨界演进提供了借鉴思路。

4.2　平台企业跨界成长融资模式的理论分析

本部分基于跨界演进视角，构建了平台企业融资支持模型，对平台企业跨界成长过程中可以选择的融资方式进行分析。

4.2.1　企业融资方式

企业从金融市场中获得融资支持，市场为其提供了多种融资方式。表 4 - 1 列出了金融市场中多种融资方式在融资规模、效率、成本上的比较。不同融资方式具有不同的特点，这些特点对企业不同阶段选择融资方式的匹配性和适用性都会产生影响。

表 4 - 1　　　　　　　　　　金融市场多种融资方式的特点对比

对比方面	内源融资	风险投资	上市	股权众筹	债券	银行信贷	P2P
融资规模	小	较大	大	小	大	大	小
融资效率	高	较高	较低	较高	较低	较高	较高
融资成本	低	低	较高	低	较高	高	较低
财务压力	小	小	小	小	大	大	较大
是否会损害控制权	不会	会	会	会	不会	不会	不会

4.2.2　平台企业跨界成长阶段融资模式

融资活动贯穿企业发展的各个阶段。研究企业融资决策问题可以分解为两步：第一步是分析该阶段企业可以选择哪些融资方式；第二步是基于理性原则，考虑对企业而言，这些可供选择的方案应该如何排序和选择。企业当前和未来的盈利能力决定了市场投资者对企业价值的判断，进而影响企业的融资决策。

无边界企业理论提出，企业的无边界发展要经历破界、跨界到无边界三个阶段的演化过程。在网络平台企业跨界演进的每个阶段中，平台企业的经营绩效、业务多元化程度、平台用户规模等经济特征也会随之发生改变。这些变化深层次地反映出平台企业的盈利能力以及风险特征的变化，进一步影响到在跨界阶段时平台企业融资方式的选择，以及企业最终呈现出的融资模式。

4.2.2.1　破界阶段

破界，就是配套企业突破其自身边界，为下一步的跨界做准备。该阶段，平台企业的核心任务是聚集平台双边用户，构建出企业平台，并形成自身的核心业务。若将该阶段与企业生命周期相比，那么破界阶段相当于企业的萌芽期和成长期前期。

企业初创阶段的第一笔资金通常来自创业者的自有资金。公司的创立者提出商业设想，并为其投入启动资金，实现创业的第一步。而一般情况下，处于破界阶段的互联网企业尚未搭建起一个完整的平台商业模式，核心业务在市场竞争中并不具有优势，衍生业务也面临激烈的市场竞争，遭受竞争对手的巨大挤压，难以拓展。公司的用户群体规模小且不稳定，企业并没有发展出强大的盈利能力，也没有充足的现金流支持，留存收益等更是近似于无，所以在这个阶段企业会更多地依赖外源融资。除此之外，破界阶段平台企业为了吸引顾客聚集，实现平台规模优势，往往会通过"烧钱"来补贴用户。企业的内源融资无法支持，需要从企业外部获得大量资金支持。

平台企业以创新服务模式为中心，难以准确评估人力资本、发展前景不确定性高且市场声誉还没有建立。这些实际情况都导致平台企业在创业初期获得银行抵押贷款或者发行企业债券的可能性接近于零。互联网企业初创期淘汰率高达90%（申洁，2015）。互联网企业能够发挥出平台模式的优越性，也具有高成长性；而风险投资机构倾向于投资高风险但高速发展、成长性好的企业，同时还能给企业提供公司管理、市场咨询等增值服务，帮助破界阶段的企业把握与预测未来技术发展方向，帮助互联网企业与多方主体互动，搭建起平台商业模式，从而实现平台企业的破界发展。

因此，本章提出如下假说：

假说1　在破界阶段，互联网平台企业融资来源主要是天使投资、风险投资、私募股权投资等广义风险投资。

4.2.2.2　跨界阶段

在跨界阶段，平台企业凭借核心平台业务的优势，突破企业边界，拓展出衍生业务，并逐渐形成价值网络。平台企业居于该价值网络的主导地位。这一阶段相当于平台企业的成长期中后期。

在平台企业构建的价值网络中，支付、营销、物流等服务商各司其职，给交易平台提供了一套完整的商业基础设施。互联网技术提供商发挥其技术优势，保障平台高效平稳运营；供需双方产生交易需求，提供注意力资源；而平台企业则发挥其领导地位，负责将各主体集聚到平台上，整合其资源，并制定与改善平台的运营规则，实现平台的价值创造。平台企业大规模聚集用户有助于发挥平台商业模式的作用，给平台带来规模经济的优势，促进平台价值创造。

在跨界期，平台企业主要通过兼并收购等资本运作手段，在平台核心业务的基础上拓展衍生业务。此时平台用户规模超越临界水平，逐渐形成较完善的平台商业模式，市场逐渐认可企业自身的价值。由此，平台企业具有较多可选择的融资方式。

此时，平台企业商业模式趋于成熟，财务状况较好，具有较快的成长速度，获得了市场的广泛认可，具备在创业板市场上市融资的条件。由于上市帮助企业筹集到大量长期资本，互联网平台企业将大量资金投入跨界并购中，有利于拓展业务领域，进一步扩大用户规模。另外，随着平台不断发展，其生态系统中各业务板块也会趋于成熟。平台下的业务子公司有能力独立上市融资，一方面拓宽了平台的资金来源渠道，另一方面也将大大提升平台生态系统的市场价值。

与破界期相比，平台企业拥有更多融资选择，风险投资对平台企业的重要性有所下降。但由于此时平台企业上市概率增加，风险投资机构对其的投资意愿也会随之加大。此外，风险投资机构还能够协助企业进行上市准备、产业并购重组，并提供管理咨询等增值服务，所以风险投资依然是不可替代的。

在跨界阶段时，平台企业经营业绩较好，实现盈利，留存收益增多，固定资产折旧少，这导致企业资本结构中内源融资占比较小。

在债券融资上，发行用途特定的企业债券或者票据来为专门项目筹资成为一个重要融资选择。虽然仍然存在互联网产业的高风险，但这种特定用途的债券资金用途明确，信息披露和监管要求更高。同时也匹配了较高的收益率，因而更加具有投资价值。这种债券容易获得投资者，尤其是风险偏好型投资者的青睐，可以帮助企业快速筹集资金。

互联网平台企业通过上市融资不仅能够获得大规模的权益资金，还能够让金融市场发现公司价值，向市场释放出企业具有较大发展潜力的信号。平台企业进入跨界期，经营现金流状况有所改善，资产规模不断加大，商业信誉得到提高，商业模式逐步完善，达到了银行信贷的标准。资本的逐利性会使其放弃低效产业部门，倾向于投资到高效的新兴互联网产业部门。因此，在互联网平台企业进入跨界阶段后，银行信贷资金往往愿意为企业成长发展提供资金助力。考虑到互联网行业的变革更替速度比较快，银行更倾向于发放中短期贷款。这样，银行既能分享企业高速发展带来的收益，又满足了银行规避投资风险的理性需求。作为企业的债务融资，虽然贷款利率较高，但由于供给规模较大，银行信贷资金能够满足平台企业短期的资金需求，从而帮助企业完成跨界扩张。

综上，在跨界阶段，平台企业的融资方式有较多选择，企业上市成为互联网平台企业成长过程中的重要事件；债权融资约束在这一阶段得到缓解，企业逐渐具备获得银行贷款、发行企业债券的条件。

因此，本章提出如下假说：

假说 2　在跨界阶段，平台企业融资方式增多，企业有条件获得银行贷款、发行企业债券等，实现债权融资，但仍以股权融资为主要方式。

4.2.2.3　无边界阶段

在无边界阶段，平台企业基于其已形成的用户基础以及平台的核心能力不断扩展并调整价值网络，完善平台生态系统。这一阶段相当于平台企业的成熟期。

进入无边界阶段后，平台企业基于平台商业模式以及平台的大数据资源来整合传统业务的能力有了较大的提升，企业的市场价值也有大幅度的提高。平台企业的经营逐渐实现稳定增长，经营活动产生较多盈利，企业的留存收益也在增加。由于企业规模的加大，固定资产折旧逐渐增多。留存收益与固定资产折旧的增加使内源融资在企业融资结构中的占比上升。同时由于内源融资只存在机会成本，也不会影响企业的控制权，所以在进行融资决策时，互联网平台企业会优先考虑内源融资。

在跨界阶段，大部分互联网平台企业已经上市。在无边界阶段，企业可以通过增资扩股方式进行股权融资。相较于首次公开募股（Initial Public Offering，IPO），增发股票的融资效率较高。但是，企业增发普通股票会稀释股东权利，从而损害到控股股东的控制权。所以，优先股作为一种特别的股票形式，能够满足企业发展和财务投资者的需求。

在无边界阶段，企业也可以通过发行债券方式获得资金。债券融资不会稀释股东权利，不会对企业的控制权和经营权产生侵蚀，有利于平台在企业创始人团队的领导下，坚持贯彻其既定的发展战略。同时，还能够避免恶意收购等不利于公司发展的市场行为，避免沦为资本市场的"猎物"。此外，债券融资能够一次性筹集到较多资金，可以有效满足平台企业无边界扩张时期的大规模资金需求。

　　银行信贷作为债权融资方式，不会影响到股东股权，也能够获得较大规模资金，企业还可以以此调节自身的财务结构，降低综合资金成本。因而，无边界阶段企业也可能会选择银行贷款，信贷资金在资本结构中的占比会上升。银行的并购贷款为平台企业跨界并购提供了资金支持，企业通过贷款补充自有资金的不足，有助于提高并购效率，进而扩大企业的市场占有率。相较于跨界阶段，此时平台企业有条件申请中长期银行贷款。由于企业经营趋稳，银行也倾向于为平台企业提供中长期的贷款资金，从而获得较高的贷款收入。此外，国家开发银行和中国进出口银行等具有政策效应的国有银行，能够为平台企业提供资金支持，有助于提升平台企业全球竞争力，锁定其在全球的产业价值链中的优势地位。

　　企业成长到无边界阶段，市场充分认可平台生态系统的价值，融资方式更为自由。但控股股东希望保持其对平台企业的控制权，掌握企业经营，所以股权融资占比会有所下降。互联网平台企业会更倾向于选择各种形式的债权融资方式，故债权资金占比将大大提升。

　　因此，本章提出如下假说：

　　假说 3　平台企业发展到无边界阶段时，融资方式更加多样化。股权融资比重下降，银行贷款、企业债券以及内源融资成为主要的融资方式。

　　综上，基于平台企业在破界、跨界、无边界阶段的基本经济特征，本章分析了在跨界成长各阶段可选融资方式，具体如图 4-1 所示。

图 4-1　平台企业跨界演进融资模式模型

　　注：下划线标示出跨界演进各阶段主要和优先选择的融资方式。

　　融资方式选择既包括在不同阶段分析哪些融资工具与平台企业特征相符合，也包括在企业面临多种融资方式下的选择顺序问题。处于破界阶段的平台企业的融资方式较为单一，进入跨界阶段之后，平台企业的融资方式逐渐丰富起来。

　　根据上文对各种融资方式的优劣比较，提出如下假说：

　　假说 4　步入相对成熟的跨界阶段之后，平台企业融资方式的选择顺序理论上应该是内源融资、债权融资和股权融资。

4.3　平台企业跨界成长融资模式的案例分析

　　基于平台企业跨界演进融资模式的理论分析，本部分采用案例研究法和回归实证法，来检验现实中的互联网平台企业在跨界演进过程中的融资方式选择是否与理论分析假说一致。

4.3.1　研究方法和研究对象选择

　　平台企业跨界成长是一个动态的、连续的跨界演进过程。在研究中，可以使用单个案例研究的方法来对平台企业跨界演进的融资模式进行一个相对完整的定性考察。

　　案例研究法是一种实证研究方法，通常用来验证相关理论的正确性。它能够挖掘深层次变量之间的关系，发现其实质内容和内在机制，从而能够解决现实生活中那些不能简单用数据图表表现出来的问题。尤其是当某个领域内的相关研究理论尚不成熟、可控性低，研究对象在不断发展演进的情况下，选择纵向案例进行研究更加适用（Yin，1994）。案例研究可分为演绎式理论发展和归纳式理论构建两种类型（Siggelkow，2007），前者从案例数据中总结归纳出新理论，案例主要用来激发灵感；后者先进行理论阐述再进行案例研究，案例主要用来佐证理论分析。本章采用演绎式案例研究方法，即基于上文关于平台企业跨界演进过程中的融资模式的理论分析，用案例来检验提出的假说。

　　案例研究选取的对象需要具有代表性。在本章的研究情境下，所选取的案例对象需要有足够长的发展历程，现阶段在互联网行业占据龙头地位。同时，还要求其融资活动和发展过程紧密联系。在这样的选择标准下，本章选择了阿里巴巴作为案例研究对象。

阿里巴巴成立于1999年，以电商起家，如今业务已经覆盖到物流、计算、文化、健康云、金融等领域。作为一个庞大的商业集团，其投资布局集聚了大量的用户、数据、信息、资源等。

根据本章对企业发展阶段的界定，阿里巴巴已经发展到平台企业的无边界阶段，处于进一步完善自身价值网络以及平台生态系统的阶段。在发展历程中，阿里巴巴经历了多次融资活动，融资方式的种类丰富多样，资料可获得性高。这也进一步证明了选取阿里巴巴作为研究对象的合理性和代表性。

4.3.2 破界阶段与融资

破界阶段的关键任务是建立开展核心业务的平台。阿里巴巴平台生态系统的核心业务是电子商务，其电商平台淘宝、天猫商城聚集了大量的用户群。这为阿里巴巴的其他衍生业务带来了坚实的用户基础。图2-5展示了阿里巴巴在1999~2006年的发展历程中破界阶段的大事件。

1999年，阿里巴巴开始B2B业务运作。之后约半年，平台用户数超过了4万，年底其用户数达到了10万，这些用户遍布全球180个国家和地区。在阿里巴巴电子商务平台发展初期，搭建网络平台要求较大的技术投入，而通过免费、补贴等策略吸引用户进入平台也需要较多资金的支持。

作为一种新兴的商业模式，阿里巴巴经营不确定性高，倒闭的可能性很大，投资风险极大。在这个阶段，阿里巴巴主要通过风险投资获得资金支持。根据阿里巴巴官网数据可知，1999年10月，阿里巴巴获得高盛领投的天使投资，共500万美元。2000年1月，阿里巴巴获得软银2000万美元的风险投资资金。依靠这些成本较低、期限较长、规模庞大的风险投资资金，阿里巴巴迅速搭建平台，吸引用户进入阿里巴巴平台。1999~2003年连续4年，阿里巴巴网站均被福布斯评为"全球最佳B2B网站"。

临界规模的突破是电商平台发展中的关键一跃，在平台上聚集尽可能多的有效用户资源是生存下去并赢得竞争的关键。阿里巴巴在用户补贴、宣传营销、网站建设等多方面加大投入与建设，这需要大规模资金支持。2002年底，阿里巴巴首次实现盈利。2004年2月，阿里巴巴再次从软银等风险投资者手中获得8200万美元的私募股权投资。2004年，阿里巴巴平台实现全年平均每天盈利达到 100 万元。

　　之后几年，阿里巴巴更是围绕其电子商务模式的各种优势和短板，主动寻求弥补短板的方式。收购雅虎中国，弥补搜索短板；收购口碑网，用本地化生活信息社区平台增强电商用户的粘性；推出阿里软件，为平台上的中小企业提供在线软件服务；推出阿里妈妈，帮助商户提升营销水平等。2005 年，阿里巴巴通过与雅虎之间开展战略融资，为阿里巴巴以上并购、投资等活动提供了充足的资金支持。

　　根据艾瑞咨询（iResearch）的数据，按注册用户数目计算，阿里巴巴于2006 年就已经成为中国最大的网上 B2B 公司；按企业收益进行计算，公司占到中国 B2B 电子商务市场的大部分份额。自此，阿里巴巴建立了 B2B 核心业务平台。当 2007 年阿里巴巴在香港上市时，公司已经发展成为世界范围内电商平台模式的领导者。

　　综上不难发现，阿里巴巴在培育核心业务、突破虚实经营边界的阶段，主要融资方式是风险投资、私募股权投资等（见表 4 - 2）。这些股权投资资金有效缓解了阿里巴巴在破界阶段的资金压力，软银、高盛、富达等风投机构也为阿里巴巴提供了市场咨询、企业管理、市场名声等增值服务，推进了阿里巴巴的快速发展。可见，阿里巴巴在破界阶段的融资选择，验证了平台企业在跨界过程中处于破界阶段时融资模式的理论假说 1。

表 4 - 2　　　　　　　　破界阶段阿里巴巴的重要融资事件

时间	融资额	资金来源	融资方式	融资方式选择原因
1999 年 10 月	500 万美元	高盛、富达投资等	天使投资	初创期，用创意吸引天使投资，维持企业生存
2000 年 1 月	2000 万美元	软银、富达、汇亚、TDF	风险投资	风险投资周期长，融资规模较大
2004 年 2 月	8200 万美元	软银、富达投资和 GGV	私募股权投资	前期风险投资追投，融资规模大
2005 年 8 月	10 亿美元	雅虎	股权融资	以 40% 股权换取大笔资金，借助雅虎提升市场知名度，巨额资金储备帮助阿里渡过金融危机

4.3.3　跨界阶段与融资

首次公开募股（IPO）标志着阿里巴巴进入跨界阶段（2007～2012 年）。

在跨界阶段，阿里巴巴向电商 C2C、B2C 模式进行拓展，打造支付宝平台，逐步构建完整的电商生态系统。

2003 年 5 月，阿里巴巴推出淘宝网，开始涉足 C2C 电商业务。之后，淘宝网平台发展迅速，逐渐成为中国最大的消费者网上购物平台。2008 年，阿里巴巴推出淘宝商城，逐渐打造出一个独立的 B2C 电商平台。2012 年，淘宝商城改名"天猫"，目前已经成为中国最大的第三方品牌及零售平台。

支付作为互联网经济的核心环节，几乎电子商务中所有的经济活动都与之具有关联。支付平台是平台企业跨界发展的连接纽带，关联厂商与消费者。如今，支付宝平台连接到水、电、煤、通信等缴费，跨界城市公共事业；推出蚂蚁花呗和蚂蚁借呗，跨界消费金融；推出余额宝、招财宝和蚂蚁聚宝，跨界金融理财市场；全面接入淘宝、天猫移动端，跨界移动电商等，支付宝已经逐步发展成为一个综合性大平台，几乎关联了阿里巴巴旗下所有的业务，阿里巴巴也基于其支付宝平台开展跨界经营。现在，支付宝已经成为阿里巴巴平台生态系统中的核心子平台，是阿里巴巴跨界经营的重要支撑平台。

在支付宝的用户数量方面，2007 年 5 月 10 日，支付宝注册用户数达到 4000 万人，而到 2008 年 8 月末，用户数就突破了 1 亿人。一般来说，当平台用户数达到 1 亿人，可以认为平台突破了临界规模，开始激发平台网络效应。之后，支付宝平台的用户数加速增长，于 2009 年 6 月末突破 2 亿用户数。2009 年之后，由于用户基数较大，支付宝平台用户数增加速率开始放缓，2013 年末突破 3 亿用户数（见图 4 - 2）。阿里巴巴对用户实施免费进入策略，虽然每个用户进入产生的边际成本较小，但上亿用户规模基数乘以平均用户成本，会产生巨大的资金消耗。

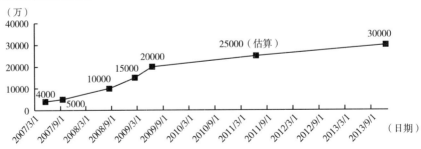

图 4 - 2 支付宝注册用户数

注：用户数达到 2.5 亿缺乏具体时间，为了平滑曲线，取 2 亿到 3 亿的中间时间。
资料来源：支付宝官网。

面对巨大的资金需求，内源融资已经不能满足发展扩张需要，必须考虑外源融资。阿里巴巴的跨界发展离不开其在金融市场上获得大规模融资的支持，表4-3展示了2007~2012年阿里巴巴通过上市、私募、银行贷款等方式募集到大量资金的过程，为实现阶段性的目标提供了支持。

表4-3   2007~2012年阿里巴巴集团的重要融资事件

时间	融资额（亿美元）	资金来源	融资方式	融资方式选择原因
2007年11月	约17	香港联合交易所	IPO	上市融资规模大，提高知名度；前期风险投资退出
2011年9月	17	云锋基金、DST、银湖等基金公司	私募股权投资	引入知名私募基金，既获得大量资金，又可以提高声誉
2012年2月	30	澳新银行、瑞士信贷集团等6家银行	银行贷款	回购雅虎股权需要大量资金，银团贷款规模大，也可以提高国际知名度
2012年9月	20	中投、中信资本、国开金融等投资公司	股权融资	回购雅虎手中的股权需要大量资金，以20%股权换资金

可见，进入跨界阶段，快速成长的阿里巴巴融资方式逐渐多样化，不仅进行了股权融资，也开展了银行贷款等债权融资。在这4个比较重要的融资事件中，有3个都是股权融资行为；而从规模和占比上来看，股权融资达到54亿美元，占到全部融资金额的64%，债权融资共计30亿美元，占比约36%，相比于破界阶段，阿里巴巴的债权融资有较大的增加。

随着市场条件的不断变化，以及阿里巴巴旗下淘宝、天猫、支付宝等多个业务板块的崛起，原有B2B业务的市场价值逐渐下降，阿里巴巴上市的部分严重压低了整个阿里巴巴的市场估值。此时，退市能给阿里巴巴带来较大的好处。退市不仅能够帮助集团摆脱上市子公司对集团跨界经营战略实施的掣肘，而且有利于集团制定最有利的公司长远发展规划。同时，重组集团业务板块有助于整个集团的再次上市，可以为阿里巴巴搭建平台生态系统筹集到更多资金。

2012年2月21日，阿里巴巴在港交所发布公告称，持有公司73.5%股份的阿里巴巴（要约人）向公司董事会提出私有化要约。2012年5月，阿里巴巴股东批准通过私有化建议。同年6月，阿里巴巴以25亿美元现金回购其市面上流通的股份，实现私有化。与私有化一同进行的是阿里巴巴回购第一大股东雅虎股权的行动，本次交易中，雅虎（中国）取得63亿美元现金，价值8亿美元的阿里巴巴优先股，以及5.5亿美元现金对雅虎技术和知识产权的许可。阿里巴巴的交易资金包括集团自有现金、优先债务以及公司发行的可转换优先股与普通股。提供资金来源的有八家国际性银行，包括澳大利亚和纽新兰银行集团（澳新银行）、巴克莱银行、花旗、瑞士信贷、星展银行、德意志银行、瑞穗实业银行及摩根士丹利；还有有国资背景的国开行、中投公司、中信资本和博裕资本等；此外现有股东银湖、俄罗斯互联网投资公司及淡马锡也通过增加投资参与了此项回购计划。[①]

综上，进入跨界阶段，阿里巴巴仍然以股权融资作为主要的融资方式，但银行贷款等债权融资占比也有所增加。这验证了平台企业跨界融资模式中跨界阶段的假说2。

4.3.4 无边界阶段与融资

无边界是指企业跨界能力以及资源整合能力的无边界。2012年，阿里巴巴私有化退市事件是阿里巴巴进入无边界发展阶段（2013年至今）的开始。从2013年开始，阿里巴巴凭借其在电子商务领域的霸主地位，明显提升了其开展跨界并购和投资的速度（见表4-4）。阿里巴巴逐步开始围绕用户的全方位需求，以无边界的状态不断拓展并且完善平台的商业生态系统。

表4-4　　　　2013~2016年阿里巴巴跨界并购案例（不完全统计）

被并购企业	时间	并购金额	行业类别	对阿里的价值
友盟	2013年4月	8000万美元	系统工具	移动互联网大数据
快的打车	2013年4月	400万美元	电子商务	布局O2O
穷游网	2013年7月	0.6亿元	在线旅游	旅游入口，旅游大数据
天弘基金	2013年10月	11.8亿元	金融	互联网金融，金融大数据
海尔日日顺	2013年12月	28亿元港币	物流	加强阿里大家电物流
文化中国	2014年3月	62亿元港币	影视	影视大数据

---

① 阿里巴巴官网，https://www.alibabagroup.com/cn/news/press_pdf/p120918.pdf。

续表

被并购企业	时间	并购金额	行业类别	对阿里的价值
银泰商业	2014 年 3 月	53.7 亿元港币	实体零售	布局 O2O
Tango	2014 年 4 月	2 亿美元	网络社交	海外社交入口，社交大数据
恒生电子	2014 年 4 月	32.99 亿元	金融	互联网金融，金融大数据
高德地图	2014 年 4 月	13.9 亿美元	地图导航	布局 O2O
新浪微博	2014 年 4 月	5.86 亿美元	网络社交	社交入口，社交大数据
优酷土豆	2014 年 4 月	12.2 亿美元	网络视频	视频入口
恒大足球	2014 年 6 月	12 亿元	体育	体育大数据
UC 优视	2014 年 6 月	43.5 亿美元	移动搜索	移动端入口，搜索大数据
魅族手机	2015 年 2 月	5.9 亿美元	手机	手机移动终端入口
第一财经	2015 年 6 月	12 亿元	新闻媒体	财经大数据
苏宁云商	2015 年 8 月	283 亿元	电子产品零售	布局 O2O
南华早报	2015 年 12 月	12 亿元	新闻媒体	国际宣传，新闻大数据
三江购物	2016 年 11 月	21.5 亿元	实体零售	布局 O2O

资料来源：Wind 资讯。

本质上，互联网经济可以被视为数据经济。大数据承载和集中反映了价值创造所需资源要素的流动，大数据成为互联网经济时代最重要的经济资源。大数据、云计算等新一代互联网技术的发展，极大提高了整合平台用户数据的效率以及挖掘数据的深度，从而能够转化平台企业的用户规模优势，实现平台交易规模和价值创造优势。进一步地，用户大数据能够消除传统边界的约束。

总结 2013 年以来阿里巴巴的并购事件，发现其无边界发展主要有两个大的方向，即场景经济和大数据经济。在移动互联网大背景下，O2O（线上到线下）商业模式已成为重要的平台模式。阿里巴巴凭借其电子商务平台，在线上具有明显优势，但在线下实体经济部分却存在明显劣势。为了打造并完善平台商业生态系统，借助资本市场的力量，阿里巴巴加快了从线上到线下的跨界布局和资源整合的力度，开始推动移动互联 O2O 场景经济。

在移动互联网时代，接近 67% 的业务的开展都与地图导航和基于位置的服务（LBS）有关。① 2013 年 5 月，阿里巴巴以 2.94 亿美元投资高德，2014 年 4 月，阿里巴巴斥资约 15 亿美元收购高德地图剩余全部股份，将其纳入阿里巴巴旗下，成为其全资子公司。② 2013 年，阿里巴巴向快的打车投资 800 万美元，开始对交通出行业务布局。③ 2014 年 3 月 31 日，阿里巴巴投资 6.92 亿美元于银泰商业，共同拓展线上和线下的商贸机会。④ 2015 年 8 月，阿里巴巴出资 283 亿元战略投资了苏宁云商 19.99% 股份，同时，苏宁云商以 140 亿元认购不超过 2780 万股阿里巴巴的新股。⑤ 2016 年 11 月，阿里巴巴花费了约 21.5 亿元入股三江购物 32% 股份，成为三江购物的第二大股东。⑥ 凭借高德的流量导入，阿里巴巴整合了银泰商业、苏宁云商、三江购物等线下商户资源，并且与其支付宝平台、阿里大数据等相关联。通过上述举措，阿里巴巴一举完成了生态系统中商流、信息流、资金流的整合，夺得了场景经济时代的先机。把握了用户的大数据，掌握了企业平台无边界发展的核心资源。同样，场景经济的核心也是大数据，阿里巴巴凭借其用户数据占据了消费领域的先机。

除消费大数据之外，阿里巴巴通过跨界进一步获取并整合了旅游、娱乐文化传媒、体育、金融以及社交等行业的大数据。阿里巴巴先后收购美国社交应用坦戈（Tango）、新浪微博等社交软件，跨界网络社交领域，收集用户社交大数据。入股天弘基金、收购恒生电子等，提供支付宝平台的接入口，获取资金流和金融大数据，促进阿里巴巴在互联网金融领域的发展和延伸。收购穷游网等，布局在线旅游产业，获取旅游大数据。2014 年，阿里巴巴以 62.44 亿港元收购了文化中国 59.32% 的股权，并更名为"阿里影业"，⑦ 从而进入电影娱乐领域；收购优酷土豆，布局网络视频业务；⑧ 购买恒大足球俱乐部 50% 股权，⑨ 涉足足球产业，收集体育大数据；收购 UC 浏览器，增强其生态系统中移动搜索基础服务功能，获得移动搜索大数据。2015 年 12 月，阿里巴巴出资 20.6 亿

① 中国经济网，http：//finance. ce. cn/rolling/201402/11/t20140211_2272708. shtml。
② 中国经济网，http：//finance. ce. cn/rolling/201404/14/t20140414_2649030. shtml。
③ 中国经济网，http：//finance. ce. cn/rolling/201401/08/t20140108_2074742. shtml。
④ 阿里巴巴官方网站，https：//www. alibabagroup. com/cn/news/article？news ＝ p140331。
⑤ 阿里巴巴官方网站，https：//www. alibabagroup. com/cn/news/article？news ＝ p150810。
⑥ 央广网，http：//tech. cnr. cn/techgd/20161121/t20161121_523280280. shtml。
⑦ 搜狐传媒，http：//media. sohu. com/20140626/n401396947. shtml。
⑧ 参考消息，http：//www. cankaoxiaoxi. com/finance/20151016/968154. shtml。
⑨ 人民网，http：//sports. people. com. cn/n/2014/0605/c22134 － 25108467. html。

港元收购南华早报集团的媒体资产①，进一步拓宽和完善了其在文化传媒领域的布局。

阿里巴巴借助阿里云计算，跨界整合并挖掘其大数据资源，能够获得整个经济生活的用户数据资源，从而为其无边界发展打下坚实的底层支撑。随着阿里巴巴不断发展成熟，其融资方式变得更加丰富和多样化。

表4-5总结了2012~2014年阿里巴巴的重要融资事件，无边界阶段的阿里巴巴融资方式多样，既有股权融资，也有银行贷款、企业债券等债权融资方式。2014年，阿里巴巴整体在纽交所上市，募集了超过218亿美元资金，从而在考察时间段内阿里巴巴的股权融资比例和规模较大。因此，案例暂不能验证理论假说3。

表4-5　　　　　　　　　2012~2014年阿里巴巴的重要融资事件

时间	融资额 （亿美元）	资金来源	融资方式	融资方式选择原因
2013年5月	80	澳新银行、瑞士信贷集团等9家银行	银行贷款	虽然利息较高，但是融资规模大，融资效率高，可以有效支持并购投资；从国际知名金融企业获得银行贷款有助于提升国际知名度
2014年9月	218	纽交所	IPO	上市融资规模大，海外上市有助于国际化战略
2014年11月	80	公开发行	企业债券	低息环境使得债券融资成本较低，有利于偿还成本较高的银团贷款，优化财务结构

需要注意的是，阿里巴巴再次上市是行业个案，大多数平台企业没有这个经历。如果剔除阿里巴巴在纽交所整体上市所获得的融资，会发现相比于跨界阶段，阿里巴巴的银行贷款、企业债券的融资规模都有所增加，在阿里巴巴的资本结构中占比也有所上升，相应地，股权融资的比重反而有所下降。对于假说3的检验，需要进一步搜集数据进行验证，这是下一节实证分析重点要做的工作。

综上，从企业边界的视角来看，阿里巴巴成长的过程就是不断突破业务边界约束进行跨界经营的过程。随着跨界成长，阿里巴巴在三个成长阶段的融资

---

① 人民日报海外版，http://opinion.haiwainet.cn/n/2015/1215/c345416-29452694.html。

方式也发生了改变。通过总结并匹配阿里巴巴的跨界演进成长过程以及其融资活动，可以发现：

第一，阿里巴巴的融资活动促进了阿里巴巴的跨界成长，或者说阿里巴巴的跨界成长得到了有效的融资支持（见表4-6）。

表4-6　　　　　　　阿里巴巴跨界演进阶段及融资方式选择总结

阶段	阶段目标	融资目的	融资方式	融资效果
破界阶段 （1999~2006年）	电商 B2B 平台存活和用户规模壮大	公司存活：为完善电商平台开展的系列收购、投资提供资金	天使投资 风险投资 私募股权投资 股权融资	支持阿里巴巴收购雅虎（中国）、支持阿里软件、阿里妈妈等活动，平台用户规模增大
跨界阶段 （2007~2012年）	拓展C2C、B2C业务，孵化支付宝平台，构建电商生态系统	为公司开展系列收购、回购股份等提供资金，配合跨界经营	上市 IPO 私募股权融资 银行贷款 股权融资	平台用户规模增大，确立了电商领域的领导地位；业务衍生进一步挖掘用户价值；经营业绩迅速提升
无边界阶段 （2013年至今）	完善平台生态系统，布局场景经济和大数据经济，满足用户全方位需求	为公司开展系列收购、投资等活动提供资金，配合无边界发展	内源融资 银行贷款 上市 IPO 企业债券	美国上市加速其国际化；经营业绩持续增长；在场景经济和大数据经济中占据先机

第二，在破界阶段，阿里巴巴的主要融资来自天使投资、风险投资、私募股权基金等广义风险投资，支持了假说1。

第三，香港上市标志着阿里巴巴进入跨界阶段。在跨界阶段，阿里巴巴开始获得银行贷款等债权融资，但是大部分资金还是来源于股权融资，支持了假说2。

第四，在无边界阶段，阿里巴巴的融资方式变得多样和灵活。由于2014年阿里巴巴在纽交所整体上市募集大量股权资金，导致该阶段此案例并不具代表性，不能很好地验证无边界阶段的融资模式假说3和假说4，需要进一步进行实证。

4.4　平台企业跨界成长融资绩效的回归分析

本部分基于上市互联网平台企业的相关数据，用计量回归的方法来进一步实证检验平台企业跨界融资模型，分析跨界阶段之后融资模式的合理性。

4.4.1　研究设计

4.4.1.1　实证逻辑和假设

融资方式的选择会对企业经营绩效产生重要影响。如果企业能够在特定阶段选择适合该阶段企业特质的融资方式，既能缓解企业的融资约束又能优化财务结构，有助于提高企业业绩；反之亦反（阎薇，2005；魏启明，2014）。所以，评价平台企业跨界成长过程中金融支持的一个重要方面，是研究不同的融资方式对平台企业经营绩效的影响，从而在一定程度上评价平台企业融资方式选择的合理性。这也是目前检验企业融资方式选择有效性问题的常用思路。

根据前文分析，平台企业上市通常标志着企业演进到跨界阶段或者无边界阶段。换句话说，实证分析上市互联网平台公司的数据检验的是平台企业跨界阶段之后的融资模式。因此，提出总假设：上市互联网平台公司的融资结构与经营绩效有关。并进一步分析发现：

企业金融成长周期理论和优序融资理论等均认为内源融资在融资顺序选择中位列第一。由于内源融资的资金来源于企业的留存收益，所以融资成本比较低。内源融资越多，越有利于上市公司提高经营绩效水平，本章提出：

研究假设1　上市互联网平台公司的内源融资与经营绩效正相关。

信号理论和优序融资理论等均认为，在企业面临资金缺口时，只考虑外源融资的情况下，企业会偏向于债权融资，之后才会考虑股权融资。这是由于一方面债权融资具有债务利息，会产生税盾效应，从而提升企业业绩；另一方面，债务利息的压力会对管理者产生激励作用，督促他们尽心经营。同时，债券融资还具有融资成本等优势，这都会促进上市平台企业经营绩效的提升；与此相反，相比于债权融资，股权融资的融资成本相对较高，增发股票也会稀释股东权利，损害到控股股东的控制权，从而向市场投资者传递不好的信号，因此会对企业经营绩效产生不利影响。所以本章提出：

研究假设2　上市互联网平台公司的债权融资与经营绩效正相关。

研究假设3　上市互联网平台公司的股权融资与经营绩效负相关。

按照以上研究假设，如果假设均成立，那么就可以认为当平台企业进入跨界阶段之后，当期选择融资方式时，会优先考虑内源融资、债权融资，最后考虑股权融资方式，也就是假说4得到验证。

4.4.1.2　变量选择

（1）被解释变量：平台企业跨界经营绩效。评价企业绩效的指标分为财务指标和非财务指标。在非财务指标上，常用托宾 Q 值衡量企业绩效，但是由于构成指标的企业重置成本较难准确衡量，指标对市场有效性要求也比较高，而在市场中炒作等非理性因素常使股价出现偏离，不能展现出企业的真实价值。由于财务指标比较客观、真实，能够直接、量化、较为准确地反映出企业的经营成果，因此财务指标应用得最为广泛。但具体指标选取上并没有形成公认的标准财务指标体系（见表 4－7）。

表 4－7　　　　　　　　　企业经营绩效指标选择汇总

作者及年份	文章标题及来源	企业绩效指标选择
魏启明（2014）	上市公司不同融资方式对公司绩效的影响研究，西南财经大学硕士论文	ROE、ROA、营业利润率等
程宇（2013）	我国房地产上市公司融资结构对其经营绩效影响的研究，西南财经大学硕士论文	ROA
陆衍琪、吕睿（2012）	资本结构选择偏好、成长性与公司绩效，投资研究	ROE
徐寿福、龚仰树（2011）	定向增长与上市公司长期业绩下滑，投资研究	ROA、ROE、EPS
杜沔、王良成（2006）	我国上市公司配股前后业绩变化及其影响因素的实证研究，管理世界	ROE、ROA 等
徐晓东、陈小悦（2003）	第一大股东对公司治理、企业业绩的影响分析，经济研究	ROE、ROA、托宾 Q 值等

评价企业经营绩效通常使用营业利润率、资产收益率（ROA）、净资产收益率（ROE）等指标。ROE、ROA 指标作为杜邦财务分析的核心指标，是衡量企业经营绩效的常用代理指标。从本质来说，这两个指标是一致的，但存在一些细小差异。ROE 更容易被大股东操控，以便上市公司进行配股等经济活动；ROA 能够反映股东和债权人共同资金的收益率，相对来说更不容易受到大股东操纵。比较而言，ROA 比 ROE 更具有可信程度。作为实证分析重点，可以用 ROE 确保实证结论的稳健性。此外，营业利润率指标反映了企业业务扩张为企业带来的利润贡献，可以用来衡量平台企业跨界经营过程中收入以及利润增

长。因此，本章选取总资产收益率、净资产收益率和营业利润率作为独立的被解释变量。

（2）解释变量：融资方式。解释变量是平台企业可选择的融资方式，即内源融资、股权融资和债权融资三类融资方式。为了保证数据的可比性，考虑到不同股票市场中上市公司的财务报表科目具有差异，本章选用未分配利润来衡量内源融资规模，用股本增加量衡量股权融资规模，采用长期和短期借贷的总额来衡量债权融资规模，并分别除以总资产进行标准化处理，计算公式如下：

$$内源融资率（IF）= 未分配利润/总资产 \times 100\%$$

$$股权融资率（SF）= 股本增加/总资产 \times 100\%$$

$$债权融资率（DF）=（短期借贷 + 长期借贷）/总资产 \times 100\%$$

（3）控制变量。除了融资方式的选取外，还有很多方面的因素会影响到上市平台企业的经营绩效。比如企业年龄、股权集中度、资本结构、人力资本、企业规模、是否是跨国企业、企业成长性等因素都会对企业经营绩效产生影响，控制这些变量也能够提高实证的严谨性和可信性。不同学者会选取不同的控制变量（见表4-8）。

表4-8 控制变量指标选择汇总

作者及年份	文章标题及来源	控制变量选择
刘政等（2017）	融资多样性对企业技术创新的影响机制研究，科技进步与对策	企业规模、企业年龄、人力资本、企业所有制、企业成长性等
黄宏斌等（2016）	企业生命周期、融资方式与融资约束——基于投资者情绪调节效应的研究，金融研究	企业规模、资产负债率、股权集中度、管理层持股、企业成长性等
张亚光（2014）	基于生命周期理论的中小高科技企业融资方式研究，浙江大学硕士论文	企业规模
白骏骄（2014）	融资约束与中国互联网式创新——基于互联网上市公司数据，经济问题	企业规模、无形资产、企业形象、企业年龄、国别等
程宇（2013）	我国房地产上市公司融资结构对其经营绩效影响的研究，西南财经大学硕士论文	企业规模、宏观调控政策
翟进步等（2011）	上市公司并购融资方式选择与并购绩效："功能锁定"视角	企业规模、负债程度、行业等
侯莹（2010）	中小板上市公司融资结构与经营绩效关系的研究，东北林业大学硕士论文	企业规模、资产负债率

作者及年份	文章标题及来源	控制变量选择
陈晓红、 刘剑（2006）	不同成长阶段下中小企业融资方式选择研究，管理工程学报	企业规模、固定资产净值、企业人数等
杜沔、 王良成（2006）	我国上市公司配股前后业绩变化及其影响因素的实证研究，管理世界	企业规模、股权集中度等

根据企业融资方式与经营绩效关系的相关文献，本章选择如下 7 个变量，将其作为控制变量备选，然后进一步根据样本回归结果的显著性筛选出需要使用的控制变量（见表 4-9）。

表 4-9 实证研究指标汇总

变量类别	变量名称	变量符号	变量含义
被解释变量	资产收益率	ROA	资产收益率 = 净利润/平均资产总额 × 100%
	净资产收益率	ROE	净资产收益率 = 净利润/股东权益 × 100%
	营业利润率	OPR	营业利润率 = 营业利润/营业收入 × 100%
解释变量	内源融资率	IF	内源融资率 = 未分配利润/总资产 × 100%
	债权融资率	DF	债权融资率 = （短期借贷 + 长期借贷）/总资产 × 100%
	股权融资率	SF	股权融资率 = 股本增加/总资产 × 100%
控制变量	企业规模	LNTA	取自然对数的总资产
	资本结构	DTA	资产负债率 = 负债/总资产 × 100%
	股权集中度	CONTROL	第一大股东所占比例/5% 以上股东持股比例
	人力资本	HC	无形资产/总资产
	企业成长性	GROWTH	营收增长率 = 本年营业收入增长/上年营业收入 × 100%
	跨国经营	CROSS	跨国业务收入占比超过 10% 则为 1，否则为 0
	企业年龄	AGE	企业成立至样本考察期达到的年数

企业规模。微观经济学认为企业规模与其经营绩效之间存在规模经济效应，即随着企业规模的扩大，企业经营的平均成本会下降，进而改善经营绩效。然而，互联网企业具有轻资产的特性，相对于企业资产，市场规模、平台用户规模等因素对边际成本的影响更大，因而企业规模因素与经营业绩的关系有待进一步考量和检验。

资本结构。经典的企业资本结构理论以及既有实证研究都认为由于信号效应、监督激励效应、税盾效应的存在，企业适当提高其负债水平有利于提升企业业绩。但过高的资产负债率也会提高企业破产风险等，从而不利于企业提高其企业经营绩效。资产负债率作为企业负债比例常用的衡量指标，能够反映负债融资在总资产中的比例。因此，本章选择资产负债率作为控制变量的备选项，予以深入考察。

股权集中度。一般情况，大股东与企业的利益高度一致，股权集中度高能够激励大股东们以企业发展为重。但是，股权集中度过高也导致大股东一意孤行，企业被迫进行冒险行为，反而会损害到企业的经营绩效以及其他股东的利益。第一大股东持股比例和前十大股东持股比例是股权集中度常用的衡量指标。互联网企业创始人持股较多，在董事会进行决议时，主要表现为第一大股东与其他大股东之间的博弈。因此，构造第一大股东持股与5%以上大股东持股之比这一指标来度量股权集中度。

人力资本。互联网平台企业一般都是人力资本为主的轻资产企业，所以以知识等形态存在的人力资本会对平台企业的经营业绩产生较大影响。本章参考白骏骄（2014）的做法，将无形资产除以总资产，进行标准化处理来表示企业的人力资本。

企业成长性。一般而言，企业成长能力与企业经营业绩之间呈正相关关系。刘政等（2017）用员工人数的增减来衡量企业成长性，黄宏斌等（2016）选取营业收入增长率来度量。考虑到平台企业跨界成长的主要外在表现是营业收入的增加，而非员工人数的增加，本章更倾向于使用后一种方法，跨界经营使得平台企业营业收入增长率提高，从而促进了平台企业的发展与成长。

跨国经营。企业开展跨国业务，从本质上而言是在拓展市场。企业的市场视野越大，越有利于企业经营业绩的提升。本章利用营业收入来源的数据构建衡量企业跨国经营的指标。若营业收入中非中国市场占据10%以上的份额，则认为该平台企业属于跨国企业，标示为1；否则为0。

企业年龄。企业年龄在一定程度上能够反映企业发展的成熟程度，是衡量互联网平台企业发展阶段的重要指标。

4.4.1.3　样本选择

（1）选取国内外上市的中国互联网平台企业。上市互联网平台企业具有较多的公开资料，数据可获得性高。同时，上市代表着企业的发展较为充分，具有研究代表性。

（2）互联网平台样本企业需进行跨界经营、跨界并购等活动。由于研究的重点是平台企业跨界成长过程，因此样本企业必须开展过跨界经营、跨界并购等，才能作为研究对象。

（3）若某项数据具有3年以上的缺失，则剔除该样本企业。为了保证数据的齐整性，排除数据缺失较多的平台企业。

经过上述标准筛选，最后选取41家上市互联网平台企业2011～2015年的面板数据作为研究样本。这41家企业分别为58同城、金融界、乐视网、世纪互联、网龙、一嗨租车、阿里巴巴、金山软件、猎豹移动、搜房网、网泰、易车、百度、京东、奇虎360、搜狐、网易、优酷、当当网、聚美优品、汽车之家、苏宁云商、唯品会、游族网络、二三四五、科通芯城、前程无忧、腾讯、携程网、云游控股、欢聚时代、空中网、神州租车、天鸽互动、新浪、智联招聘、慧聪网、跨境通、盛大游戏、完美世界和迅雷。这些企业的核心业务涉及众多领域，具体包括电子商务、门户网站、网络招聘、网络游戏、房产中介、网络相亲、网络视频、网络租车、互联网金融、网络搜索、网络社交等细分行业，基本上涵盖了所有的互联网平台商业模式。

4.4.2　描述性统计和相关性分析

使用STATA11.0先对样本数据进行描述性统计以及相关性分析，极值情况采用均值法进行处理，以保证回归结果的准确性。

4.4.2.1　描述性统计

表4-10显示出三个被解释变量的代理指标在统计上的差别。用标准差衡量三个代理指标的离散程度，可以发现资产收益率的离散程度最大，其次是净资产收益率，营业利润率的离散程度最小，样本被解释变量的波动性较大。这可能是因为互联网属于新兴行业，在互联网企业成长过程中经营业绩受市场影响较大，从而出现较大的波动。

表4-10　　　　　　　　　　变量描述性统计

变量	均值	标准差	最小值	最大值	观察数
资产收益率（ROA）	9.52	54.56	0.00	204.39	205
净资产收益率（ROE）	4.09	16.89	-126.38	112.68	205

续表

变量	均值	标准差	最小值	最大值	观察数
营业利润率（OPR）	10.45	24.60	−200.81	54.85	205
内源融资率（IF）	83.47	649.70	−269.34	9317.67	205
债权融资率（DF）	14.62	18.38	0.00	108.03	205
股权融资率（SF）	9.94	19.64	−0.22	123.47	205
企业规模（LNTA）	13.05	1.58	9.31	17.41	205
资产负债率（DTA）	44.80	24.52	4.46	134.80	205
股权集中度（CONTROL）	0.58	0.24	0.15	1.00	205
人力资本（HC）	0.23		0.00	18.99	205
企业成长性（GROWTH）	54.73	60.56	−73.23	370.51	205
跨国经营（CROSS）	0.29	0.46	0.00	1.00	205
企业年龄（AGE）	10.13 年	4.77 年	1.00 年	19.00 年	205

融资方式的变量在统计性质上也有较大差异。内源融资率（IF）的均值和标准差都明显大于债权融资率（DF）和股权融资率（SF）。这一方面说明在样本的融资结构中内源融资占比较大，另一方面也说明内源融资不稳定性较高。债权融资率（DF）的均值为 14.62%，明显大于股权融资率（SF）的均值9.94%。这说明在跨界阶段之后，相比于股权融资，上市的互联网平台企业更多是从债权融资中获得的资金。换言之，破界阶段后的平台企业更加偏向于债权融资。

资产负债率（DTA）的均值为 44.80%，这说明样本企业的近一半资产来自负债，互联网企业负债经营现象比较明显。样本企业股权集中度指标均值接近 60%，说明互联网平台企业股权集中度普遍较高。用无形资产来代替人力资本，指标均值为 0.23。这说明在样本企业中，人力资本这一生产要素在资产中约占二成。企业成长性指标均值为 54.73%，成长能力较好。这说明在 2011～2015 年互联网平台企业营业收入增长幅度较大，企业跨界经营取得成效。跨国经营指标均值约为 0.29，说明样本企业主要在国内经营和发展，业务主要覆盖国内市场。而企业的平均年龄为 10.13 年，这反映我国互联网企业发展较早。

表 4－11

变量之间的相关系数

变量	ROA	ROE	OPR	IF	DF	SF	LNTA	DTA	CONTROL	HC	GROWTH	CROSS	AGE
ROA	1												
ROE	0.61***	1											
OPR	0.53***	0.76***	1										
IF	-0.00	0.00	-0.06	1									
DF	0.07	-0.01	0.21***	-0.07	1								
SF	-0.33***	-0.16**	-0.34***	-0.04	-0.20***	1							
LNTA	0.24***	0.09	0.26***	-0.09	0.10	-0.20***	1						
DTA	-0.16**	-0.11*	-0.04	-0.12*	0.62***	-0.18***	0.00	1					
CONTROL	0.12*	0.14**	0.12*	-0.02	-0.15**	-0.09	0.1	0.00	1				
HC	-0.02	-0.01	-0.09	0.98***	-0.07	-0.05	-0.12*	-0.13*	-0.02	1			
GROWTH	-0.30***	-0.20***	-0.31***	-0.01	-0.05	0.32***	-0.16**	0.11	0.09	0.02	1		
CROSS	0.19***	0.12*	0.17*	-0.04	-0.06	-0.09	0.09	-0.30***	-0.11	-0.00	-0.09	1	
AGE	0.25***	0.21***	0.23***	0.01	-0.09	-0.29***	0.46***	-0.16*	0.12*	0.00	-0.41***	-0.41***	1

注：***、**、* 分别表示 1%、5%、10% 的显著性水平。

4.4.2.2 相关性分析

如表 4 – 11 所示，被解释变量相互之间显著相关，这符合前文的分析以及实际情况。这种高度相关的关系在分析中能够将这三个代理变量分别作为彼此的替代变量，来检验结果的稳定性。解释变量与控制变量、解释变量与被解释变量之间相关系数普遍较低，相关系数的绝对值均不高于 0.30。具体而言，除了债权融资率（DF）与资产负债率（DTA）、内源融资率（IF）与人力资本（HC）之间的相关系数较高外，其余解释变量与控制变量的相关系数都很低。而选取较低相关性的变量有利于避免回归方程出现共线性、内生性等问题，从而保证回归结果的有效性。

4.4.3 回归分析

4.4.3.1 回归模型

本章在借鉴侯莹（2010）、魏启明（2014）等研究基础上，分别构建以下回归模型分析互联网平台企业融资方式选择及其与经营绩效之间的关系：

首先，构建融资方式与被解释变量之间的回归模型，具体包括 3 个回归方程：

$$\text{PERFORMANCE}_{i,t} = \varphi_i + \rho_1 \text{IF}_{i,t} + \rho_2 \text{CV}_{i,t} + \varepsilon_{i,t} \tag{4.1}$$

$$\text{PERFORMANCE}_{i,t} = \varphi_i + \vartheta_1 \text{DF}_{i,t} + \vartheta_2 \text{CV}_{i,t} + \varepsilon_{i,t} \tag{4.2}$$

$$\text{PERFORMANCE}_{i,t} = \varphi_i + \delta_1 \text{SF}_{i,t} + \delta_2 \text{CV}_{i,t} + \varepsilon_{i,t} \tag{4.3}$$

其中，PERFORMANCE 是平台企业跨界经营绩效指标，具体包括 ROA、ROE 和营业利润率（OPR）。IF、DF、SF 分别为三种融资方式。CV 为控制变量，包括资本结构、人力资本、跨国经营、企业规模、企业年龄、股权集中度、企业成长性等变量。φ_i 为截距项，代表企业的个体效应。$\varepsilon_{i,t}$ 是随机误差项。i 表示样本企业。t 表示时间。ρ_1、ϑ_1、δ_1 分别表示内源融资、债权融资和股权融资对企业经营业绩的回归系数。

其次，构建所有融资方式对企业经营绩效的总体回归模型：

$$\text{PERFORMANCE}_{i,t} = \alpha_i + \beta_1 \text{IF}_{i,t} + \beta_2 \text{DF}_{i,t} + \beta_3 \text{SF}_{i,t} + \beta_4 \text{CV}_{i,t} + \varepsilon_{i,t} \tag{4.4}$$

以上回归模型可以分为 12 个具体的回归方程。

4.4.3.2 回归结果分析

相对互联网平台行业而言，样本量偏小，理论上采用随机效应估计模型进行多元回归估计分析（李子奈、潘文卿，2005）更适合。

（1）初步回归及控制变量筛选。本章先在回归方程中加入全部控制变量进行初步回归（见表4－12），但这可能造成选取的控制变量对经营绩效解释力度较弱的问题，进而影响融资方式和企业绩效回归结果的有效性。所以，需要进一步根据回归结果中控制变量系数的显著性以及模型的总体回归效果，筛选出后续多元回归中所需加入的控制变量。

表4－12 初步回归及控制变量筛选

变量	ROA			
IF	0.0279 ** (2.49)	0.0295 *** (2.67)	0.0264 ** (2.42)	0.0265 ** (2.45)
DF	0.2154 *** (2.68)	0.2341 *** (2.97)	0.2511 *** (3.20)	0.2496 *** (3.20)
SF	－0.2200 *** (－3.82)	－0.2292 *** (－3.93)	－0.2357 *** (－3.93)	－0.2465 *** (－4.20)
DTA	－0.2252 ** (－3.55)	－0.2338 *** (－3.73)	－0.2619 *** (－4.36)	－0.2680 *** (－4.51)
CONTROL	9.6883 ** (2.05)	10.157 ** (2.16)	9.1403 * (1.95)	9.6976 ** (2.10)
HC	－14.017 ** (－2.54)	－14.965 *** (－2.76)	－13.530 ** (－2.53)	－13.592 ** (－2.55)
GROWTH	－0.0385 * (－1.89)	0.0657 * (1.47)	－0.0344 * (－1.70)	－0.0396 ** (－2.06)
LNTA	1.1139 (1.34)			
CROSS	4.2910 (1.50)	4.130 (1.47)		
AGE	－0.0511 (－0.17)	0.1212 (0.44)	0.2193 (0.82)	

变量	ROA			
CONS	4.742 (1.60)	8.003 (1.60)	9.703 * (1.98)	12.292 *** (3.31)
p	0.0000	0.0000	0.0000	0.0000
R²	0.2874	0.2811	0.2714	0.2697

注：***、**、*分别表示1%、5%、10%的显著性水平，括号内是 z 值。

以 ROA 为企业经营绩效的指标进行初步回归，发现内源融资率（IF）、债权融资率（DF）的回归系数均显著为正，而股权融资率（SF）的回归系数则显著为负。观察控制变量，可以发现企业规模、跨国经营、企业年龄这三个控制变量的显著性低、解释力度不够，故分别将它们剔除并进行回归，结果显示模型中变量之间相关系数的正负、显著性以及模型的拟合优度均没有明显改变。因此，在接下来的回归中剔除掉跨国经营、企业年龄、企业规模这三个控制变量。而当企业经营绩效用 ROE 和 OPR 衡量时，结果不变，在此不再重复列示。

（2）回归结果及分析。表 4 - 13 和表 4 - 14 是进行分别回归以及总体回归的估计结果。模型 Wald 检验的伴随概率均小于 3%，说明回归模型总体显著。但就总体拟合优度而言，所有模型均未超过 0.30，这表明样本数据和模型之间的拟合程度较低，可能存在遗漏变量等问题，也可能是因为样本量偏小等。但总体而言，模型总体回归结果显著，而且三种融资方式的显著性较高。因而可以根据回归结果分析三种融资方式对经营绩效的影响。

第一，内源融资率（IF）在分别回归和总体回归模型中的估计系数均为正，且在 10% 的水平下显著。这说明内源融资能够提高上市平台企业的经营绩效，支持研究假设 1。原因在于：其一，相比外源融资，内源融资的融资成本和融资风险较小。所以当企业需要的融资资金既定时，内源融资率越高，越能提高企业的盈利水平。本章利用未分配利润衡量企业的内源融资率，描述性统计显示未分配利润占总资产比重较大，平均值超过 80%。其二，发挥内源融资对绩效的促进作用需要较大的内源融资资金做保证。随着互联网平台企业开展跨界经营，其盈利能力水平逐渐提升，具体表现为未分配利润的连续增长（见图 4 - 3）。未分配利润作为企业内源融资的重要来源，其持续增长将促进平台企业内源融资规模的增长，从而提高企业经营绩效。

表 4 - 13　　对被解释变量的分别回归回归结果

变量	ROA			ROE			OPR		
	回归 (1)	回归 (2)	回归 (3)	回归 (4)	回归 (5)	回归 (6)	回归 (7)	回归 (8)	回归 (9)
IF	0.0232 * (1.86)			0.0672 (1.55)			0.084 *** (2.99)		
DF		0.2593 *** (3.04)			0.4513 (1.50)			0.3964 ** (3.22)	
SF			-0.2419 *** (-4.03)			-0.2070 (-1.04)			-0.2088 *** (-2.57)
DTA	-0.0780 (-1.59)	-0.2167 ** (-3.38)	-0.1435 ** (-3.06)	-0.1799 (-1.10)	-0.4432 * (-1.95)	-0.2635 (-1.53)	0.0276 (0.41)	-0.2177 ** (-2.34)	-0.0679 (-0.96)
CONTROL	8.013 (1.57)	11.2163 ** (2.25)	733904 (1.58)	21.686 (1.26)	25.944 (1.49)	21.495 (1.24)	9.262 (1.29)	14.137 ** (1.98)	9.454 (1.32)
HC	-11.523 * (-1.87)	-0.2694 (-0.34)	-0.7364 (-0.91)	-33.004 (-1.55)	-0.2046 (-0.08)	-0.5632 (-0.21)	27.773 *** (-3.01)	-0.506 (-0.48)	-0.8896 (-0.83)
GROWTH	-0.0737 *** (-3.81)	-0.0715 *** (-3.78)	-0.0555 * (-2.87)	-0.1632 ** (-2.57)	-0.1621 ** (-2.55)	-0.1579 ** (-2.39)	-0.0902 *** (-3.53)	-0.0929 *** (-3.60)	-0.0874 ** (-3.24)
CONS	7.630 * (1.89)	7.476 * (1.93)	11.874 (3.15)	15.760 (1.14)	16.634 (1.20)	19.676 (1.30)	10.359 * (1.75)	11.402 ** (2.00)	15.069 ** (2.51)
Wald 检验	0.0001	0.0000	0.0000	0.01534	0.0163	0.0242	0.0001	0.0000	0.0000
R^2	0.1429	0.1828	0.21072	0.0799	0.0778	0.0863	0.1084	0.2105	0.1879

注：***、**、* 分别表示 1%、5%、10% 的显著性水平，括号内是 z 值。

表4-14 所有解释变量对被解释变量的总体回归结果

变量	ROA 回归（10）	ROE 回归（11）	OPR 回归（12）
IF	0.0265 ** （2.45）	0.0788 * （1.80）	0.0567 *** （3.30）
DF	0.2496 *** （3.20）	0.4710 （1.57）	0.4212 *** （3.58）
SF	-0.2465 *** （-4.20）	-0.2654 （-1.32）	-0.2607 *** （-3.32）
DTA	-0.2680 *** （-4.51）	-0.4977 ** （-2.13）	-0.2811 ** （-3.07）
CONTROL	9.6976 ** （2.10）	22.5117 （1.29）	11.6560 * （1.70）
HC	-13.592 ** （-2.55）	-39.109 * （-1.81）	-28.701 *** （-3.38）
GROWTH	-0.0396 ** （-2.06）	-0.1171 * （-1.73）	-0.0549 ** （-2.07）
CONS	12.292 *** （3.31）	23.145 （1.59）	17.452 （3.06）
p	0.0000	0.0000	0.0000
R^2	0.2697	0.0953	0.2703

注：***、**、*分别表示1%、5%、10%的显著性水平，括号内是z值。

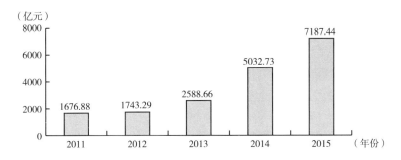

图4-3 2011~2015年样本企业各年未分配利润合计

第二，债权融资率（DF）在分别回归和总体回归模型中回归系数均为正。在显著性上，尽管 DF 对 ROE 的回归系数的显著性水平较低，没有通过 10% 的检验，但 z 值在 1.5 左右，说明仍具有一定的显著性水平。而且 DF 与 ROA 和 OPR 业绩的回归系数均显著为正。因此，债权融资能够正向影响上市平台企业经营绩效，支持研究假设 2。

进一步地，通过对比 IF 与 DF 的回归系数，相比于内源融资，债权融资对经营绩效的促进作用更大。这也充分证明了互联网平台企业在跨界阶段后，选择债权融资方式具有合理性。实际上，相比于股权融资，债权融资的融资成本更低，加上世界经济开始步入低利率周期，债权融资的利息成本会得到进一步的降低。债权融资不会对控股股东的经营控制权造成损害，有利于平台企业管理层坚持执行其既定的跨界成长战略，进一步开拓市场，从而提高企业的经营业绩。

第三，股权融资率（SF）的回归系数均为负值，显著性水平上基本与 DF 相同，即对净资产收益率的回归不显著，但与资产收益率以及营业利润率都显著相关。如同上文所述，其回归系数均为负值，且仅对净资产收益率指标的回归不显著，可以认为股权融资方式对平台企业的经营绩效会带来负面影响，支持研究假设 3。信号理论也认为企业不同的融资方式会向市场传递不同的企业经营情况的信息。当企业通过股权融资筹集资金时，外部投资者往往认为企业缺乏运营资金，会调低对企业的估值，进而不利于互联网平台企业经营绩效的提高。同时，其与债权融资和内源融资相比，股权融资的融资成本更大，企业定向增发时需要支付较高昂的辅导和承销费用。

4.4.3.3 稳健性检验

内源融资和债权融资能够提高企业的经营绩效，而股权融资则会对企业经营绩效产生负向作用。互联网平台企业在选择融资方式时，应优先考虑内源融资和债权融资方式，最后才是股权融资。该结果符合有序融资理论的结论。

为了确保回归结果的稳健性，本章根据企业类型进行分组回归，检验上述结论是否仍然成立。将样本企业按照内源融资与外源融资大小分为内源融资主导型和外源融资主导型的平台企业。即先计算出样本企业每年的内源融资占比，并计算其五年的均值。如果内源融资占比大于 0.5，则将企业划为内源融资主导型；反之则为外源融资主导型。表 4 – 15 展示了分组估计的结果。可以发现，除了外源融资主导型样本的融资方式对 ROE 的显著性水平较低之外，其余回归的 Wald 检验的伴随概率均小于 5% ，显著性较好。同时，按类型进行分组回归模型得到的总体拟合优度高于未分组的模型，这表明按内源以及外源融资大小进行分组回归能够改善模型与样本数据的拟合程度，值得进一步分析。控制变量的回归系数方向与前文一致，不再赘述。

表 4－15 分组回归结果

变量	内源融资主导型			外源融资主导型		
	ROA	ROE	OPR	ROA	ROE	OPR
IF	0.0300 **	0.0868 ***	0.0617 ***	0.2267 ***	0.2424	0.2577 ***
	(2.28)	(2.68)	(3.00)	(3.93)	(0.56)	(3.21)
DF	0.3581 ***	0.5136 **	0.3674 **	0.1211	0.4721	0.3887 ***
	(3.00)	(1.84)	(2.12)	(1.29)	(0.61)	(2.86)
SF	− 0.2196 ***	− 0.3086 **	− 0.2687 ***	− 0.2944 ***	0.0494	− 0.1535
	(− 3.17)	(− 2.01)	(− 2.90)	(− 2.49)	(0.06)	(− 0.95)
DTA	− 0.2636 ***	− 0.4423 **	− 0.2844 **	− 0.0941	− 0.3715	− 0.0377
	(− 3.39)	(− 2.33)	(− 2.37)	(− 0.98)	(− 0.46)	(0.27)
CONTROL	7.9869	17.1261	9.3982	1.6580	25.420	8.5199
	(1.35)	(1.24)	(1.10)	(0.22)	(0.42)	(0.78)
HC	− 15.302 **	− 43.257 ***	− 31.266 ***	11.031	9.8266	12.011
	(− 2.36)	(− 2.71)	(− 3.08)	(0.99)	(0.10)	(0.74)
GROWTH	− 0.0470 *	− 0.1369 **	− 0.0839 **	− 0.0274	− 0.1154	− 0.0459
	(− 1.64)	(− 2.06)	(− 2.04)	(− 1.23)	(− 0.71)	(− 1.50)
CONS	12.431 ***	25.220 **	20.388 ***	2.450	3.057	− 2.302
	(2.53)	(2.14)	(2.76)	(0.40)	(0.06)	(− 0.25)
p	0.0000	0.0001	0.0000	0.0000	0.9384	0.0001
R^2	0.2700	0.2092	0.2686	0.4628	0.0494	0.4648

注： *** 、 ** 、 * 分别表示 1% 、5% 、10% 的显著性水平，括号内是 z 值。

分析内源融资主导型平台企业样本的回归结果发现，内源融资率与总资产收益率的回归系数显著为正，股权融资的回归系数显著为负，债权融资率的回归系数有两个没有通过 10% 的显著性检验，但回归系数的正负并没有发生变化，一直都是正数。对比回归系数，债权融资的系数普遍大于内源融资的系数。这说明，在内源融资主导型平台企业，债权融资和内源融资方式能够促进经营业绩提升；股权融资则相反。同时，相比内源融资方式，债权融资方式更能提升企业的经营业绩。故内源融资主导的平台企业应该适度提高其债权融资在资本结构中的占比。分析外源融资主导型样本企业的回归结果，可以发现，三类融资方式对绩效指标的影响没有改变。但是，内源融资的回归系数大于债权融资的系数，这不同于内源主导型平台企业的结果。这说明外源融资主导型平台企业应该适度提高其内源融资占比，从而更好地提高企业经营业绩。

综上所述，内源融资均能促进互联网平台企业经营业绩的提升。这一促进作用在外源融资主导型企业中更加明显。由于内源融资成本极低、融资效率较高，可以向市场传递出正信号效应等，在跨界阶段后，互联网平台企业应优先考虑内源融资方式筹集资金。同时，债权融资也能显著提高企业的经营业绩，股权融资方式不利于平台企业经营绩效的提升。分组回归结果再次支持了假说4，即在跨界阶段后，互联网平台企业应按照内源融资、债权融资、股权融资的顺序进行融资方式的选择。

4.4.4 回归结论

为了进一步验证平台企业跨界成长中融资模式的选择，并检验其理论分析的正确性，本章首先通过研究相关理论并借鉴已有的研究成果设计了多种被解释变量、控制变量，然后选取符合本章研究情境的企业数据，分析了内源融资、债权融资和股权融资在融资结构中的占比，以及其对企业经营绩效的影响。进一步地，通过分组回归的方式检验回归结论的稳健性。由于平台企业上市一般标志着企业已经进入跨界阶段，加上样本企业都是在2010年之前上市，在样本研究期间内有较快地发展。因此，实证分析的是平台企业跨界阶段之后的融资模式问题。

统计分析表明，样本平台企业的内源融资占比最大，而平均的债权融资率大于股权融资率。初步判断样本企业融资方式的占比证明了研究假说3。

线性回归结果表明，内源融资和债权融资能够促进样本互联网平台企业经营绩效的提升，而股权融资存在相反的作用。出于理性考虑，为了实现企业价值最大化，减少企业的融资成本，进入跨界阶段后的平台企业应优先考虑内源融资，其次是债权融资，最后才是股权融资。因此，回归结论支持研究假说4，这一研究结果也符合经典的优序融资理论。

本章小结

近年来，阿里巴巴等互联网平台企业借助平台商业模式跨界融合传统实体企业，搭建平台生态系统，提高了中国经济的活力，有利于我国经济的转型升级。但这些互联网平台企业是否能够在资本市场获取资金支持是其从破界、跨界到无边界成长的重要影响因素。在此背景下，本章研究了互联网平台企业跨界成长过程中的融资支持模式等问题。

随着互联网经济不断深入，互联网平台模式已经逐渐渗透到了社会生活的各方面，对传统经济的诸多商业形态产生了冲击与颠覆。平台模式具有跨界整合资源特性，基于平台的商业模式，互联网时代平台企业开展跨界并购并进行跨界经营能够实现价值创造，促进平台企业的跨界成长，从而发挥平台模式这一新商业模式对中国经济转型升级的促进作用。互联网企业作为平台模式的主要载体，需要遵循平台模式的内在机理才能实现企业的发展和壮大。平台模式的跨界整合优势要求平台企业应该强化其核心业务的竞争力，产生竞争优势，并围绕核心业务进行跨界，拓展新的衍生业务，搭建平台生态系统。

资金资源是平台企业跨界成长过程中重要的关键性资源，资金支持不足会制约互联网平台企业的跨界成长。在未来的发展中互联网平台企业在选择融资方式时，不仅要关注资金的使用效率以及项目的选择等，也要重视企业融资方式给企业带来的财务风险、对控制权的影响以及对企业市场价值的影响，重视融资策略的选择。互联网平台企业在跨界成长的过程，要注意内源和外源融资协调运用，从而避免单一融资方式带来的劣势。

在发展过程中，金融体系监管者应顺应市场规律，完善债券市场、信贷市场、股票市场和风投市场等资本市场的制度建设，从而保障不同发展阶段的平台企业跨界融资活动，充分发挥金融支持实体企业发展的作用。

第5章

平台战略下的银行核心竞争力

在互联网网络经济的背景下，企业运营的重点从企业资源和能力的"供应侧"转变到从客户的"需求侧"出发进行考虑。传统银行的盈利主要依靠存贷款之间的利差，信息不对称导致银行业务成本较高。故此，银行的业务重点以往都集中在大规模客户以及高信用评级的借款客户上，这种借贷的倾向导致大量中小企业难以通过银行进行融资。同时，金融资源分配不均也影响了实体经济的发展，严重限制了实体经济的发展速度。而利率市场化的发展挑战了银行传统的盈利模式，银行遇到了前所未有的困难。

与此同时，互联网科技的飞速发展和互联网思维的逐渐深入，为企业跨界发展提供了技术支持（李海健等，2014）。百度、腾讯、阿里巴巴等网络公司依靠网络平台成功进入金融领域，这迫使银行改变其传统业务模式，银行必须关注长尾市场，对其进行业务推广，并进行有效的资源配置。银行通过定制金融产品和提供顾客需要的金融服务以满足客户需求，进而有效分配金融资源，是保持其金融服务中介优势地位的有效方式。

网络平台战略作为互联网的核心思想，可以实现资源的整合和快速分配，进而重新塑造市场的生态系统框架（徐进，2013；陈为如和于卓轩，2013；李海健等，2014）。在如今的服务经济中，网络平台战略不仅展现出更多的优势，激发着经济的活力，而且将变为未来经济发展的主流趋势（郭全中和郭凤娟，2013）。当前，银行业开始意识到网络平台战略的重要性，正着力于推动产业与"互联网＋"的融合，促进银行业转型升级。各银行都开始增加对信息技术的投资，通过自建的在线平台或与第三方组织合作，逐渐推出了一系列互联网创新举措。然而，大多数银行实施的创新实践仍处于相对较早的阶段。为了解决传统银行业发展的困境，学者们侧重于研究互联网金融的发展对传统银行的影响以及两者之间的关系（邱峰，2013；刘勤富和孟志芳，2014；于伟，2015；张辉，2014），而关于银行相应的应对策略仍然局限在对传统金融产品和业务网络化初步阶段的研究上（梁璋和沉凡，2013；张长生，2013；陆一峰和齐鹏飞，2015；郑志来，2015），这严重落后于实际发展的需求。

在网络平台战略的驱动下，商业银行可以转变其原有的传统银行业务模式，突破传统模式下的业务约束，扩大利润空间，在新的竞争环境下创造新的核心竞争优势。银行要顺应网络经济的客观发展趋势，通过平台战略来实现银行的传统战略框架、经营理念和盈利模式的转变，调整银行的核心竞争手段，重新确立其在金融市场的主导地位。因此，通过研究商业银行的网络平台战略重构，并在此基础上创新银行核心竞争力的机制和实施路径，对银行应对新的竞争格局，实现产业转型升级有着重要的指导意义。

5.1　网络平台战略和银行核心竞争力重构

5.1.1　网络平台战略对银行核心竞争力的影响

与传统的业务模式相比，网络平台战略具有显著的优势，可以有效缓解传统经营模式下银行的困境，是在网络经济背景下推动银行重新塑造核心竞争力的有效模式。在网络平台战略的推动下，网络平台战略的优势和银行传统的核心竞争力逐渐渗透融合，最终在新的竞争环境下实现重新塑造。图5－1显示了网络平台战略如何驱动银行实现核心竞争力的重塑。

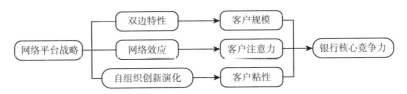

图5－1　网络平台战略对银行核心竞争力重构的影响机理

5.1.1.1　利用双边特性实现客户规模扩充

在网络经济的背景下，网络平台可以聚集全球范围内不同需求但相互依赖的客户组，并发挥平台的中介效应，创造单一客户无法实现的收益。为了匹配客户的价值需求，平台上一侧客户数量的增加将吸引更多同类型客户和不同类型客户进入平台，实现客户的大规模扩张。

在网络平台战略的推动下，资金供应方数量的提高将吸引资本需求方进入平台；而资本需求方规模的增加又将吸引更多的资本供给机构，像这样循环往复，供应方和资本需求方的数量都会增加。进一步地，平台中供需双方数量的增加将吸引第三方解决方案提供商进入，他们会提供相应的增值服务，从而提升自身和整个平台的价值。

网络平台战略的双边特质帮助银行破解其传统商业模式下的客户发展困境，实现银行客户规模的大规模扩张。当达到某个临界值时，就会为银行产生难以复制的客户基数优势。

5.1.1.2　网络平台的客户注意力锁定效应

在网络经济时代，有限的客户关注已成为平台公司相互竞争中一种非常稀有的资源。在正常情况下，同一位客户将同时在多家银行开展业务，获取客户更多的关注是打败竞争对手、实现企业价值创造和竞争优势的重要因素。根据传统的经营模型，客户需要很长时间和精力才能从线下获得金融服务。传统的实体银行网点和固定的业务人员工作时间极大地限制了客户在金融服务上的关注。

网络效应是平台能够提供的一种重要优势，网络效应的存在可以吸引更多的用户，同时提高平台的质量并留住客户的注意力。在网络平台战略的推动下，虚拟交易场所正在突破传统的注意力限制，在直接和间接网络效应的影响下，客户规模和平台质量可以不断提高。而平台参与者越多，客户在平台上投入的关注度就越大，这极大地提升了平台的价值。

银行应该花更多的时间和精力来提升其网络平台上的产品和服务，从而提升潜在需求转换为实际产出的可能性，进而引起客户的关注，取得客户注意力上的优势。

5.1.1.3　自组织创新演化提升带来的客户粘性

随着"互联网+"在金融领域的融合以及创新发展，客户的需求发生了较大的转变，已经逐渐从对基础金融产品和服务发展的需求转变成为对更加个性化和多样化金融产品与服务的需求。

具有创新度更高、定制化程度更高的金融产品和服务具有较大的客户粘性。网络平台本身就具有一定的自组织性。随着其自组织功能的改进，系统的创新能力将持续增强（吕尚斌，2015）。在网络平台战略的推动下，银行可以持续吸引并整合全球资源，扩大服务范围并关注客户需求。一方面，银行会提高产品的互补性，实现产品功能的多样性，增加产品的兼容互通性，从而促进平台的发展和升级；另一方面，银行根据客户需求和反馈不断优化客户体验，增强客户对网络平台产品和服务的参与度，创造可持续的竞争优势。

网络平台战略分别基于其双边特性，网络效应和自组织创新发展特征，从传统银行提高客户规模，提升客户关注度以及增强客户粘性等渠道影响银行的核心竞争力，实现其演变和重塑。

5.1.2　网络平台战略驱动下银行核心竞争力重塑

在网络平台上实现价值创造必须满足三个必要条件：第一，存在不同的消费者群体；第二，消费者能够从与其他或多边消费者不断协调需求的过程中获得利益；第三，中介的存在能够协调各主体之间的关系（Rochet & Tirole，2002；Rochet & Tirole，2003；Armstrong，2006）。

通过网络平台战略为银行创造价值不再是基于银行现有资源、能力以及目前已形成的关系网络，而是基于"以用户为中心"的理论，从需求端出发。传统银行业务功能依赖于平台基础数据库的支持实现平台化的转型，通过分析和计算用户数据，为客户提供满足其需求的金融产品和服务，并逐步提高网络平台的核心竞争力。

实施网络平台战略是一个循序渐进的过程，构建银行的核心竞争力也需分阶段进行。网络平台战略带动传统产业的转型升级可以分为三个阶段，分别是探索期、成长期和成熟期（蔡宁和王杰祥等，2015）。

5.1.2.1　探索期：突破平台临界规模，获得规模经济效益

在网络经济的大背景下，传统银行的核心价值创造不再取决于利差，而是取决于银行对长尾客户的关注以及价值挖掘。挖掘和整合长尾客户差异化的需求已成为银行利润新的增长点。

银行建立一个吸引多边客户群的网络平台，而平台成功的关键在于它能否在最开始时迅速突破平台临界规模。足够多的平台参与者将大大增加各类型参与主体实现价值匹配的可能性。当各方参与者数量达到临界规模时，将会实现

平台利润最大化。反之，平台将迅速萎缩直至崩溃（Evans，2010）。用户规模的重要性可以通过百度公司、阿里巴巴以及腾讯这样的网络公司在网络平台战略下进行跨界发展的成功实践得到验证。

银行充当金融服务的中介，将投资和融资主体与第三方服务提供商等其他主体联系起来。不同的经济主体有不同的需求，但又有相互依存的关系。一方客户可以从与另一方或其他客户的协调中受益。因为用户规模是交易创造和价值创造的基础，在确保平台持续增长的同时，为了令每个参与者都满意自身得到的效益，平台提供商必须确保平台参与者足够多，且平台内的主体结构比较合理。

在探索期内，吸引足够多且结构合理的客户加入平台是重塑银行竞争力的关键。这样才能不断扩大以银行为中心的网络关系边界，并迅速突破平台临界规模，创造规模优势。

5.1.2.2 成长期：提高客户忠诚度，激发网络效应并产生正反馈优势

在网络平台战略的推动下，平台的价值创造不仅取决于客户规模的增长，还取决于客户关系的加强，即客户对平台服务忠诚度的提高，这取决于积极的网络效应的触发。根据不同的作用机制，网络效应可以被划分为两类，即直接效应和间接效应。积极的直接网络效应是指，由于其他相似的背景，消费者在使用某些产品或服务后具有较高的产品或服务价值。积极的直接网络效应是由消费者更容易了解其他正在使用产品或服务的其他客户的感受所引起的。积极的间接网络效应是指，如果一个经济体更多地使用这种产品或服务，另一个经济体则会为产品或服务赋予更高的价值。一个经济体想寻找并与另一个经济体进行交易是间接网络效应产生的原因（Shapiro & Varian，1998）。

在网络平台战略的驱动下，银行通过挖掘客户潜在需求来对产品和服务进行推陈出新，通过产品扩散效应和直接网络效应吸引更多的客户；新客户需求促进了产品和服务的创新与迭代，吸引了更多具有互补需求的顾客，带来了积极的间接网络效应。同时，结合了新老产品和服务，为顾客开展量身定制的营销策略，提高客户对金融服务的需求频率，持续加强客户粘性。多种作用协同驱动，可以共同创造出可持续的积极的反馈优势。

在成长期，银行会根据客户需求创新定制化产品，提高客户对平台的忠诚度，并激发同边和跨边的网络效应，以获得积极的反馈优势。

5.1.2.3　成熟期：锁定网络平台核心地位，创造领导地位优势

在网络经济背景下，市场竞争不仅是企业之间的竞争，而且是不同生态系统之间的竞争，而系统包含具有不同需求的多个主体。在实施网络平台战略的前两个阶段中，银行逐步建立了涵盖多方利益的相关者团体，例如融资者、投资者和第三方解决方案提供商的平台生态系统。融资方包括各种商业网络服务方案，例如企业采购、物流、仓储、付款、生产和销售。投资方涵盖消费者的食品、衣物、住房、教育、保健和娱乐等金融服务场景。在不断扩大服务链、平台功能不断创新的过程中，银行逐步获得了规模效益和积极反馈的优势。但保证银行竞争优势可持续发展的根本，在于平台架构和领导地位的牢固性（蔡宁等，2015）。

作为平台提供方，银行需要通过设计交易规则来创造和调动众多参与者价值创造的能力，并确保满足异质性的需求和参与者均衡分配的要求，以实现网络平台系统的可持续发展。与此同时，银行正在逐步脱离金融服务中的直接交易，而侧重于固定其在网络平台系统中的核心地位，从而管理和指导各方参与者和整个系统的有序和平衡发展，并促进持续的系统功能创新，通过系统协同促进价值创造，并最终推动其核心竞争力的重塑。

在成熟期，银行核心竞争力可持续增长的关键在于锁定银行在生态系统中的核心中介地位，并通过设计交易规则，促进系统业务的持续创新和价值创造，从而帮助银行获得领导权优势。

5.1.3　网络平台战略的实现

在网络平台战略的驱动下，重塑银行的核心竞争力遵循突破临界规模，激活网络效应，锁定核心地位的路径，逐渐获得规模优势、正反馈优势和领导地位优势。与核心竞争力重塑的"三阶段"模式相一致，银行网络平台战略也可以分三段逐步扩展，以促进核心竞争力的转型，如图 5-2 所示。

5.1.3.1　探索期：扩大在线用户数量，搭建用户基础数据库

在网络平台战略下，挖掘和使用用户数据能够提升平台价值。通过建立互联式网络平台，银行将吸引资金供求双方和第三方解决方案提供商加入该平台，满足其在线客户的需求。并通过传统业务线上化转化顾客，将原本的客户转化为平台用户，并培养他们从平台上获得金融服务的惯性。传统业务将基于

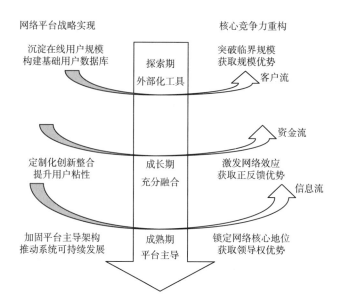

图 5 - 2　网络平台战略下银行核心竞争力重构的实现机制

网络平台专注于客户需求进行转型升级，通过开放式协作，共享和整合用户数据，构建基本的用户数据库，从而扩展服务的边界。

通过设计合理的定价规则，银行可以在平台初期使用免费和补贴策略，运用明星品牌策略等解决平台创建初期的"鸡蛋相生"问题，逐步培育传统客户通过企业平台获取金融服务的习惯，将原始银行用户数据资源电子化。同时，创新产品服务并与第三方展开积极合作，从而大规模挖掘新的潜在用户，并收集到新的用户数据；开放与社交媒体、电子商务等网络数据平台的接口，积极建立数据共享，启动数据对接与整合过程，从而扩大和完善平台的基本用户数据库。

在网络平台的探索期，网络平台的主要作用是为银行寻求转型升级，发展出新的客户群体，获取用户数据，节省银行业务成本，进一步促进线上用户规模沉淀并建立数据库的外部化工具和渠道。银行通过为线下用户提供的线上化的创新服务，大规模拓展新用户，并与第三方数据平台展开合作，以加快线上用户转化的速度，从而建立基本的用户数据库以实现临界规模的突破。

5.1.3.2　成长期：基于数据挖掘提高平台用户忠诚度，触发网络效应

银行金融业务的竞争力已深深地嵌入网络平台特性中，使银行业务从简单地实现产品和服务线上化，转变为基于网络平台数据库信息，针对银行客户进行产品创新，提高定制化服务，并且整合并捆绑网络平台和传统业务，实现基

于网络平台数据库的价值创造。

银行利用基础数据库，充分发现客户需求，进行反向定制以及产品和服务的创新，促进平台产品和服务的整合。同时，积极建立和其他金融服务客户数据之间的数据链接机制。围绕金融服务的一系列需求场景来发现顾客，不断拓展服务边界，增强客户对平台的粘性，并激发同边与跨边的网络效应。

在企业网络平台的网络效应下，现有的用户需求将吸引同边和跨边用户进入该平台，新的用户需求将促进迭代式创新以及平台产品和服务的发展。此外，整合新老业务将提高使用平台服务的用户的频率和满意度，提高参与主体之间的互惠程度，并减少平台内用户转移和多重归属概率。在这两种作用的协同推动下，平台用户的规模和网络关系强度得到双重提升。

在成长期，网络平台战略的优势与传统银行业务相互融合，银行根据用户的基本数据创造价值，不断扩展业务范围和利润渠道，并充分发现潜在用户的需求。银行通过定制服务的创新以及新旧服务的融合增强了客户体验感受，增强了用户对平台的忠诚度，激发了网络效应，并在用户规模拓展和用户忠诚度提升两个作用的协同中促进了积极反馈优势的形成。

5.1.3.3 成熟期：加固平台主导架构，获得平台领导地位

在成熟期，传统金融业务竞争力逐渐消失，银行价值的创建主要来源于银行作为平台领导者，主动匹配网络平台上投融资主体的需求，并发挥基于用户数据的增值服务的协同作用，进行撮合，共同完成此项目。

在网络平台战略的推动下，银行开始打造集约化、专业化的品牌模式，并实现其经营模式的转变：通过开放的平台接口，各主体能够实现平台内基础设施和核心用户数据资源的共享，引入解决方案提供商，逐步构建以核心业务为中心，由衍生的金融增值业务相协调，不断扩大服务范围，不断创新业务功能的网络平台生态系统。

在成熟期，银行作为平台系统的核心主体以及平台的创建者，需要加固平台的主导架构，规范参与者的行为准则，协同系统内各主体创造系统价值。平台主导的架构是指平台内各主体必须遵守的统一平台框架，包含了多边用户共同创造价值、协同发展、互利共生等相关标准和准则。平台架构是平台与市场共同作用的结果（蔡宁等，2015）。银行不再持有直接参与金融交易的资产，而是在确保平台系统中的资金流、信息流和技术流安全性的同时，发挥匹配并撮合投融资双方需求的作用。在此过程中，银行的核心竞争力来自于对整个网络平台生态系统

的领导力，通过规范平台运作来强化平台系统架构，并锁定银行的领导地位，控制并指导平台内各主体的商业行为，满足每个参与主体不同的需求，实现主体之间利益的均衡，确保每个主体能发挥其主动性，在平台中有序竞争。实现平台核心业务以及衍生金融增值业务的协同发展，共同创造平台价值。从而促进网络平台在"平台—政府"的双元治理模式下，实现可持续发展，如图5-3所示。

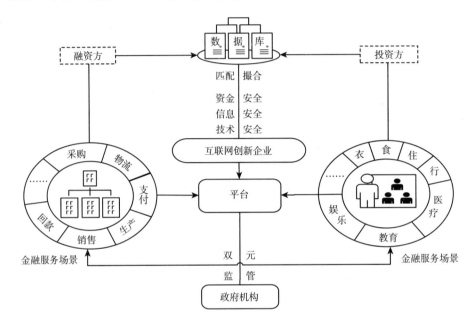

图 5 - 3　成熟期阶段的网络平台系统商业模式

　　银行网络平台战略是以客户需求为核心，重塑银行的核心竞争力，并依托于基础数据库，拓展网络平台的用户规模，提高网络平台的用户粘性，逐渐构建银行自身专业化、集约化的品牌模式。在不断扩大服务范围的过程中，银行以匹配并撮合投融资需求为重点，通过系统主导的架构规划来强化银行的领导权，确保平台主体系统发展和创新驱动，实现平台的价值创造，进一步实现网络平台系统的可持续发展。

　　在网络经济时代，以客户需求为重点是公司经营与发展的基础。银行转型的最终目标并不是实施网络平台战略或是构建银行的平台系统，而是运用网络平台战略来吸引更多的用户，并整合平台内聚集的资源，借助大数据技术和云计算等手段来充分把握并满足客户的潜在需求，提供定制化和差异化的服务，从而使银行的核心竞争力具有柔性，并在市场上占领绝对的竞争优势。

5.2 基于网络平台战略的银行核心竞争力评价

5.2.1 模型构建和数据选取

网络平台战略能够重新构建银行的核心竞争力，但构建竞争力的过程是随着网络平台战略的发展和推进，逐渐实现网络平台优势和银行传统竞争力的融合和转化，在这个基础上逐步形成新的核心竞争优势。

随着网络平台战略的深化，在商业模式转变的各个阶段，银行的核心竞争力也在逐渐演进和发展。为了更准确地评估银行每一阶段的核心竞争力，根据核心竞争力的要素构成理论，将网络平台中银行的竞争力定义为传统要素和网络平台战略要素的结合。其中，借鉴已有的关于商业银行核心竞争力的研究（王德静，2002；李政，2006；王军，2011；杨智斌、马腾等，2012），传统的竞争力主要包括"三性"能力和银行经营能力的四维度。其中，"三性"是指银行的安全性、流动性和盈利性；而在网络平台战略的评估指标主要是平台的规模性、创新性和成长性。图5-4显示了网络平台战略下银行核心竞争力评价的指标体系。

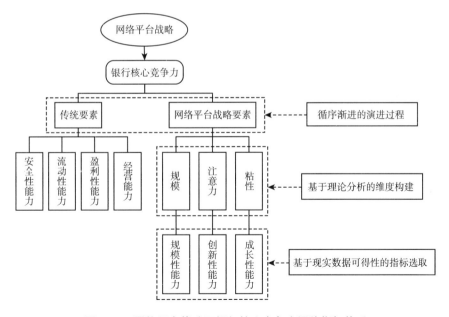

图 5 - 4 网络平台战略下银行核心竞争力评价指标体系

网络平台的战略要素应包括以下三个方面：用户规模、用户注意力和用户粘性。具体指标可以从用户流量大小、用户粘性强弱、用户体验满意度和金融产品创新等方面进行衡量，从而反映网络平台战略对核心竞争力的边际贡献。

但是，目前银行业还没有系统地实施网络平台战略，因此难以在确保样本数量的同时完整获得平台因素的创新指标。为了确保研究的可行性和有效性，本部分结合实际数据的可获取性来选择指标以构建评估指标体系。其中，规模性、创新性和成长性与平台战略下重塑的银行核心竞争力不同阶段的目标可以一一对应。突破临界规模、定制化创新业务提高客户粘性以及锁定平台的领导地位来实现平台的可持续发展。这三个目标在一定程度上反映了网络平台战略推动银行竞争力形成的阶段性竞争优势。表5-1展示了最终评价指标体系。

表5-1　　　　　网络平台战略探索期下银行核心竞争力评价指标体系

要素	一级指标	二级指标	计算方法
传统竞争力要素	安全性能力	一级资本充足率	直接数据
	流动性能力	存贷比	直接数据
	盈利性能力	净资产收益率	净利润/净资产平均余额×100%
	经营能力	成本收入比	业务及管理费/营业收入×100%
互联网竞争力要素	规模性能力	资产总额	直接数据
		营业收入	直接数据
		股东权益	直接数据
		净利润同比增长率	当期净利润增加额/上年同期净利润×100%
	成长性能力	贷款同比增长率	(期末贷款余额－期初贷款余额)/期初贷款余额×100%
		存款同比增长率	(期末存款余额－期初存款余额)/期初存款余额×100%
		非利息收入占比	非利息收入/营业收入×100%
		非利息收入同比增长率	当期非利息收入增加额/上年同期非利息收入×100%
	创新性能力	应付职工薪酬	直接数据
		网上银行交易规模	直接数据
		手机银行交易规模	直接数据

为了保证指标数据的可获得性和完整性，本章共选择中国工商银行、中国建设银行、中国银行、中国农业银行和交通银行5家国有银行，以及招商银

行、光大银行、中信银行、兴业银行和民生银行 5 家股份制商业银行，共 10 家
上市银行作为评估体系的主要评价对象。考虑到 2013 年是互联网元年，故选择
2013~2015 年的数据，并使用 SPSS 21 软件进行因子分析。数据来源于 Wind 数
据库、易观智库和艾瑞咨询分析报告、各银行公开年报以及其他网络公开信息。

5.2.2　核心竞争力的因子分析

5.2.2.1　检验变量相关性

根据已有研究成果，在进行因子分析前，本章选取了 KMO 法以及 Bartlett
球形度检验法来检验原始变量的相关程度。

由表 5 – 2 发现指标变量显著相关，故认为因子分析法具有适用性。

表 5 – 2　　　　　　　　　　　　原始变量相关性检验

KMO 检验	统计量	0.722
Bartlett 球形度检验	近似卡方	529.861
	自由度	105
	相伴概率	0.000

5.2.2.2　提取公共因子

表 5 – 3 显示出在主成分抽取的过程中，一共取得了 3 个公共因子，它们
对总体变量达到了 72.031% 的解释程度。

表 5 – 3　　　　　　　　　　　　公共因子提取结果

成分	初始特征值			提取平方和载入			旋转平方和载入		
	合计	方差的百分比	累积百分比	合计	方差的百分比	累积百分比	合计	方差的百分比	累积百分比
1	6.632	44.215	44.215	6.632	44.215	44.215	5.761	38.406	38.406
2	2.938	19.587	63.802	2.938	19.587	63.802	2.856	19.041	57.448
3	1.234	8.229	72.031	1.234	8.229	72.031	2.187	14.583	72.031

在一定程度上，抽取得到的公共因子能够很好地反应原有变量。但考虑到
原始变量具有其独特的经济含义，为了更好地理解和掌握公共因子的内涵，将

进一步研究公共因子和原始变量的关联关系，并使用最大方差法对因子进行旋转（见表5-4）。

表5-4 旋转成分矩阵

项目	成分		
	1	2	3
净资产收益率	0.228	0.816	-0.360
净利润同比增长率	-0.200	0.625	-0.567
贷款同比增长率	-0.256	0.745	0.080
存款同比增长率	-0.427	0.553	0.028
应付职工薪酬	0.774	-0.263	-0.362
非利息收入占总收入比	-0.090	0.095	0.845
网上银行交易规模份额	0.897	-0.024	0.040
手机银行交易规模份额	0.875	0.102	0.136
一级资本充足率	0.674	-0.516	0.305
非利息收入同比增长率	-0.333	0.489	-0.225
资产总额	0.928	-0.304	-0.101
营业收入	0.949	-0.256	-0.087
股东权益	0.914	-0.341	-0.012
成本收入比	-0.114	0.110	-0.377
存贷比	-0.256	-0.239	0.748

根据旋转成分矩阵结果，归纳出网络平台战略探索期下银行核心竞争力的影响因子为：

（1）由一级资本充足率、应付职工薪酬、资产总额、网上银行交易规模份额、营业收入、手机银行交易规模份额和股东权益解释的互联网创新因子F1。

（2）由成本收入比、净资产收益率、非利息收入同比增长率、净利润同比增长率、贷款同比增长率和存款同比增长率决定的持续发展因子F2。

（3）灵活性因子F3由存贷比和非利息收入占总收入比决定。

5.2.2.3 计算核心竞争力得分

通过对原始指标变量进行回归，计算得出主成分因子的得分系数，并根据计算结果构建相应的函数。然后，根据2014~2015年的样本数据，分别计算出样本商业银行在各部分的得分以及其在核心竞争力上的总得分。表5-5列示了三个共同因子的得分系数矩阵。

表5-5 成分得分系数矩阵

项目	成分		
	1	2	3
净资产收益率	0.161	0.388	-0.001
净利润同比增长率	0.010	0.169	-0.195
贷款同比增长率	0.077	0.361	0.180
存款同比增长率	-0.001	0.220	0.095
应付职工薪酬	0.101	-0.081	-0.184
非利息收入占总收入比	0.073	0.215	0.475
网上银行交易规模份额	0.208	0.152	0.099
手机银行交易规模份额	0.233	0.234	0.177
一级资本充足率	0.095	-0.086	0.119
非利息收入同比增长率	-0.013	0.149	-0.049
资产总额	0.154	-0.019	-0.035
营业收入	0.168	0.012	-0.015
股东权益	0.152	-0.022	0.004
成本收入比	-0.042	-0.043	-0.194
存贷比	-0.032	-0.008	0.335

根据成分得分系数矩阵，令 SF_i（$i=1$，2，3）表示标准化的公共因子，那么可以得出各公共因子的得分公式：

$$SF_1 = 0.161SX_1 - 0.010SX_2 - 0.077SX_3 - 0.001SX_4 + 0.101SX_5 + 0.073SX_6$$
$$+ 0.208SX_7 + 0.233SX_8 + 0.095SX_9 - 0.013SX_{10} + 0.154SX_{11}$$
$$+ 0.168SX_{12} + 0.152SX_{13} - 0.042SX_{14} - 0.032SX_{15}$$

$$SF_2 = 0.388SX_1 + 0.169SX_2 + 0.361SX_3 + 0.220SX_4 - 0.081SX_5 + 0.215SX_6$$
$$+ 0.152SX_7 + 0.234SX_8 - 0.086SX_9 + 0.149SX_{10} - 0.019SX_{11}$$
$$+ 0.012SX_{12} - 0.022SX_{13} - 0.043SX_{14} - 0.008SX_{15}$$

$$SF_3 = -0.001SX_1 - 0.195SX_2 + 0.180SX_3 + 0.095SX_4 - 0.184SX_5 + 0.475SX_6$$
$$+ 0.099SX_7 + 0.177SX_8 + 0.119SX_9 - 0.049SX_{10} - 0.035SX_{11}$$
$$- 0.015SX_{12} + 0.004SX_{13} - 0.194SX_{14} + 0.335SX_{15}$$

在公式中代入标准化处理后的指标数值，计算样本银行在 2014～2015 年的公共因子得分，表 5-6 显示了计算结果。

表 5-6　　　　　　　2014～2015 年样本银行公共因子得分情况

年份	样本银行	互联网创新因子	持续发展因子	灵活性因子
2014	中国工商银行	2.0227	0.3383	0.3489
	中国建设银行	1.3599	-0.1713	0.1070
	中国银行	0.4375	-0.5421	0.2626
	中国农业银行	0.6339	-0.5410	-1.9602
	交通银行	-0.8810	-2.2832	0.5049
	招商银行	-0.3702	1.4596	0.8835
	中信银行	-1.1041	-0.3498	-0.0697
	民生银行	-0.4583	1.2255	0.9247
	兴业银行	-0.4702	0.8881	-0.5129
	光大银行	-1.0584	-0.1679	-0.3067
2015	中国工商银行	1.8813	-0.7897	0.7069
	中国建设银行	1.2692	-0.7917	0.7613
	中国银行	0.3451	-1.5831	0.8073
	中国农业银行	0.6182	-1.2867	-1.4101
	交通银行	-0.7730	-1.6335	0.3458
	招商银行	-0.3746	-0.2190	1.6533
	中信银行	-0.9595	-0.4336	1.2850
	民生银行	-0.5105	0.3381	1.7461
	兴业银行	-0.6197	-0.3597	-0.1971
	光大银行	-0.8430	-0.1606	1.0566

银行核心竞争力总得分可表示为：

$$Y = 38.406SF_1 + 19.041SF_2 + 14.583SF_3$$

具体意义是将各因子的方差贡献比重作为权重，加总公共因子得分。将标准化因子得分值代入总得分，计算出 2014～2015 年各样本的核心竞争力得分，表 5-7 为其计算结果。

表 5 - 7   2014 ~ 2015 年样本银行核心竞争力综合得分

年份	样本银行	综合得分	年份	样本银行	综合得分
2014	中国工商银行	89. 2134	2015	中国工商银行	67. 5264
	中国建设银行	50. 5248		中国建设银行	44. 7707
	中国银行	10. 3118		中国银行	- 5. 1180
	中国农业银行	- 14. 5384		中国农业银行	- 21. 3211
	交通银行	- 84. 6737		交通银行	- 55. 7472
	招商银行	26. 4581		招商银行	5. 5530
	中信银行	- 50. 0793		中信银行	- 26. 3660
	民生银行	19. 2160		民生银行	12. 2959
	兴业银行	- 8. 6279		兴业银行	- 33. 5220
	光大银行	- 48. 3198		光大银行	- 20. 0235

5.2.3 实证结果分析

5.2.3.1 互联网创新因子 F1

图 5 - 5 显示，中国工商银行、中国建设银行、中国银行和中国农业银行的得分位于前四位，具体而言，中国工商银行和中国建设银行的优势更突出，符合现实情况。

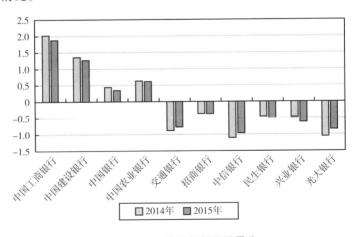

图 5 - 5 互联网创新因子得分

从资产总额上进行分析，在所有上市银行中中国工商银行和中国建设银行是我国最大的两家商业银行，2015 年其资产总额分别位居第一位和第二位。这两家银行在全球范围内拥有大规模的客户。因此，这两家银行在基于网络平台战略下重塑银行竞争的过程中，在大规模拓展平台用户和转化线上用户方面具有明显的优势。

相比之下，有 6 家银行得分为负，可能的原因是它们的资产规模和市场份额与得分为正的银行之间存在较大差距。尽管这些银行更加重视客户服务感受，也拥有灵活的功能创新机制，但受到传统商业模式下市场份额和客户规模的限制，在网络平台战略的推动下难以较快获得更大的规模优势。

中国工商银行、生意宝、阿里巴巴和聪慧网合作开发"易融通"，其主营业务是为客户提供在线融资服务。中国建设银行也建立了一个"善融商务"的电子商务平台，可以为客户提供有关商品和住房交易的即时信息，匹配并撮合交易。在开展社区服务、财务管理线上化等电商服务的期间，积极开拓支付与结算、资产托管、融资担保等金融服务。通过实现传统业务在线化，产品和服务创新以及协同第三方公司开展合作，来吸引并保留平台用户。

从动态变化的角度来看，2014～2015 年样本银行的互联网因子得分排名基本保持不变，中国工商银行、中国建设银行和中国农业银行排名保持在前三名。除民生银行和兴业银行外，2015 年其他样本银行的得分均有一定程度的上升，表明银行对网络平台战略发展具有良好的适应性。

5.2.3.2 持续发展因子 F2

银行的盈利能力和成长能力可以较好地反映出用户的持续发展，盈利能力能够衡量出银行当前获利能力，而成长能力则衡量银行未来的获利潜力。图 5–6 显示出在持续发展竞争力上，股份制银行和国有银行的表现已经被扭转。2015 年，在可持续发展因子上，民生银行、光大银行和招商银行这三家股份制商业银行位列前三名，五大国有银行排在最后五名。

发生这种扭转的原因可能是股份制商业银行在组织结构方面比国有大银行更加精简，员工激励机制也更加灵活；大型国有银行人员冗余较多，并且受到较多国家政策的限制，从而导致了盈利能力相对不如股份制商业银行。这也符合中国银行业的现状。在成长能力上，相比于较大的国有银行，较小的股份制商业银行的净利润、贷款和存款的同比增长更具优势，并且其总体运营效率更高。从这两个方面的表现来看，在网络平台战略的推动下，相比于国有银行，

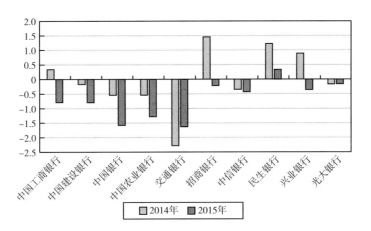

图 5-6 持续发展因子得分

股份制商业银行的可持续发展竞争力更具优势。

从动态视角进行分析，大多数样本银行的因子得分明显呈下降趋势。具体而言，尽管成本收入比下降，且银行的经营效率有所提高，有助于银行实现可持续发展，但净资产收益率、存款增长率（同比）、贷款增长率（同比）和净利润增长率（同比）等具体指标均呈现出不同程度的下降，尤其是净利润增长率（同比）明显下降。这可能是由于利率市场化以及互联网金融的发展冲击了银行传统的盈利模式，而目前网络平台的战略转型仍处于起步阶段，即探索期。该阶段平台的主要目标是通过建立网络平台来发展大量长尾客户，沉淀平台用户，并且收集用户数据，建立用户数据库。当前，网络平台战略的推进和发展都需要大量的资金投入，一段时间后，平台才能够通过挖掘和分析用户数据实现新的利润增长。基于以上原因，现阶段银行的盈利可能出现下降。

5.2.3.3 灵活性因子 F3

灵活性因子由存贷比和非利息收入占总收入比两个指标衡量。利率市场化和互联网金融的发展对传统银行以存贷利差为主要利润来源的盈利模式提出了重要挑战，网络平台战略使银行向轻资产模式转型，拓宽盈利渠道。民生银行以服务中小企业为品牌特色，招商银行作为零售之王在零售领域具有绝对优势，差异化经营使其在网络平台战略转型过程中，灵活性竞争力优势明显。在网络平台战略的推动下，银行可以基于用户数据提供更精确的定制服务，并且根据用户需求进行匹配。定制化、个性化的经营有利于股份制商业银行在转型过程中发挥其更加明显的竞争优势。

从动态视角进行分析，样本中所有银行的灵活性因子得分都有较大幅度的提高（见图5－7）。非利息收入占比和存贷比有所提高，特别是非利息收入占比出现了较大的增加。这表明，面对利率市场化等金融环境的重大变化以及互联网金融等科技金融的发展，银行都开始运用互联网来转变其商业模式和盈利模式。通过实施网络平台战略，将逐步减少对传统盈利模式即存贷款利差的依赖，银行以客户需求为重点提供全方位的金融服务，从而扩大利润渠道，建立新的利润增长点。以民生银行为例，民生银行在此项上排名第一，它一直以服务小微企业为自身独特的经营理念和品牌。

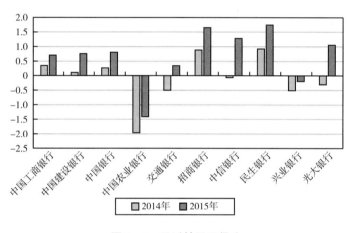

图5－7　灵活性因子得分

在网络平台战略推动下，网络平台可以快速聚集并整合全球资源，并且基于大数据技术以及资源开放式共享，民生银行进一步降低了其传统金融业务中信息不对称的成本。借助云计算等数据分析方法，能够给小额信贷客户提供更全面、准确的融资服务及其他相关服务，以促进银行重构并巩固其独特的竞争优势。

5.2.3.4　综合竞争力得分

图5－8和表5－8分别反映了样本银行2014年和2015年的综合竞争力得分以及其排名情况。从中可以发现，五大国有银行的排名都没有发生变化，其中，中国工商银行和中国建设银行位列前二位。股份制银行的排名在两年中有一定的变化，其中综合得分排名上升的银行有中信银行、光大银行和民生银行三家银行，而排名下降的有兴业银行和招商银行。从综合竞争力得分和变化情

况分析，可以发现不同于股份制商业银行中存在的激烈竞争，国有银行之间的竞争格局比较稳定；在综合竞争力得分前五位中，有两家股份制商业银行。这说明股份制商业银行在网络平台战略转型中具有其独特的活力和优势。

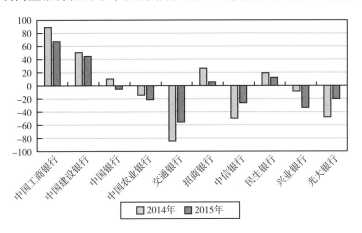

图 5-8 综合得分

表 5-8 2014～2015 年样本银行公共因子及综合得分排名情况

样本银行	2014 年排名				2015 年排名			
	F1	F2	F3	综合	F1	F2	F3	综合
中国工商银行	1	4	3	1	1	6	7	1
中国建设银行	2	6	5	2	2	7	6	2
中国农业银行	3	8	10	7	3	8	10	7
中国银行	4	9	4	5	4	9	5	5
招商银行	5	1	2	3	5	3	2	4
民生银行	6	2	1	4	6	1	1	3
兴业银行	7	3	9	6	7	4	9	9
交通银行	8	10	8	10	8	10	8	10
光大银行	9	5	7	8	9	2	4	6
中信银行	10	7	6	9	10	5	3	8

在综合竞争力得分中，包括规模指标在内的互联网创新因子占比最大。这进一步说明，我国银行业还处在网络平台战略转型的探索期，规模扩张仍是核心竞争力的重要组成部分。以中国工商银行为例，中国工商银行综合得分两年都处于第一位。到目前为止，中国工商银行已将电子商务、社交生活

和金融服务相结合，完成了基于网络融资中心、电商平台、开放式网上银行平台和即时通信平台的"三平台一中心"模式的建设。在探索期内，它有效地扩展了在线客户数量，同时继续基于"三平台一中心"模式扩大盈利来源，依靠对中小企融资服务和个人消费者信贷业务，支付结算服务和理财等产品进行更新换代，提高了客户粘性与满意度，在拓展用户规模以及提高客户忠诚度方面都领先于其他银行，获得规模优势和积极反馈优势，并逐步提升核心竞争力。

在网络平台战略下，民生银行的小微企业服务和招商银行的零售业务都取得了更好的表现，进一步促进了独特品牌优势的发展和巩固，在所有样本银行中取得了较大的竞争优势。

从动态视角进行分析，除了交通银行、光大银行和中信银行之外，其他样本银行的评分也有所减少。从公共因子的分析来看，持续发展竞争力因子和互联网竞争因子评分的减少是导致综合评分下降的主要原因，特别是持续发展竞争力因子评分的大幅下降。当前，银行网络平台战略尚处于探索期，其主要目标是建立一个网络平台，以发展平台用户数量，通过转化银行线上和线下的用户，开发创新型产品与服务和第三方组织展开合作，来收集用户数据，从而建立基础用户的核心数据库。

在转型的痛苦时期，传统的盈利模式难以为继。作为转型的外部化工具，构建网络平台新的盈利模式需要前期大量资源和资金的投入，这些都对实际的盈利绩效产生了较大的影响。

本章小结

在网络平台战略推动下，银行传统的核心竞争力与网络平台战略优势不断融合，重构银行的核心竞争力，协同发展，以完成银行在新金融环境下的战略转型。网络平台战略的价值创造、转型升级的主要机制包括扩张用户规模，发挥网络效应和锁定平台系统主导架构；作用路径包括逐步取得规模优势，形成积极的反馈优势和领导地位优势，从而实现新商业模式下银行核心竞争力的转变。

目前，我国银行网络平台的战略转型并不深入，仍然处于探索期，网络平台战略还只侧重于核心竞争力组成要素的某一方面。成功进行战略转型的关键，在于平台能否吸引大规模且结构合理的用户主体加入该平台。不同规模银行的转型发展轨迹和影响是不同的：拥有更大规模客户资源的大型国有银行在扩大平台用户规模和规模经济优势等方面要优于中小型银行；而股份制商业银行则是塑造精品银行品牌，通过独特的服务提高客户粘性，从而获得规模优势。不仅如此，银行依靠网络平台，逐渐减少了对传统盈利模式的依赖，获得了新的利润增长方式，灵活性和扩张性竞争力都有较大发展。

为了在新的竞争环境下更好地实施并推动网络平台战略发展，促进银行重塑并发展核心竞争力：

第一，培养并重视平台思想，厘清网络平台战略框架，加快实现网络平台的转型升级。通过构建银行自身的网络平台，并逐步按照"沉淀用户规模——激发平台网络效应——锁定平台系统主导架构"的路径，实现平台的规模优势、积极反馈优势、领导地位优势。从而在网络平台战略的驱动下，实现银行核心竞争力的转型和锁定。

第二，网络平台战略实现银行核心竞争力转变的关键在于收集并整合用户数据，进行价值挖掘。这要求银行转变其根据自身资源和能力选择客户的传统经营模式，变为以用户需求为中心，以优化用户体验为目的的经营模式，基于用户数据的共享与交互，针对用户的习惯和偏好，利用云计算技术提供定制化、个性化的金融服务，匹配并撮合供需双方，促进金融交易的达成和配套服务的供给，从而实现供给的精确匹配。

第三，确定平台的功能定位，并根据定位打造自身独特品牌的竞争优势。银行在实施网络平台战略并利用平台思维来转变传统经营模式时，必须确定网络平台的定位，从而形成自身独特的品牌，树立品牌优势。然后根据银行特色化的服务和产品，进一步完善平台架构、标准和规则。借助用户数据库和网络技术推动银行独特服务功能的开展，促进金融产品的更新换代，并逐步围绕银行核心特色业务，以及协同的增值服务建立平台生态系统，来实现平台的价值创造，在竞争激烈的市场中创造自己品牌的竞争优势。

第四，在网络平台战略的推动下，银行需要开放平台界面的接口，为平台引入金融服务供求双方和相关配套金融服务的提供商。还要强化与其他金融服务机构之间的合作，包括资金与产品服务信息、支付转账端口、客户征信数据等，与金融产品供应方、产业链上其他公司和最终顾客进行有效交流与互动，从而降低服务中的成本，提高服务供给效率。另外，与互联网高科技企业积极展开合作，以确保平台拥有先进的技术，和客户之间形成友好关系，并保证用户以及交易信息的安全性，从而优化客户体验。在不断扩展金融服务场景的过程中，逐步创建一个全方位覆盖的、网络化的、多样性功能的金融服务平台生态系统，实现合作共赢。

第五，形成平台与政府监管并存的双元治理结构，保证平台系统的健康有序运行，实现共同价值创造，从而推动平台核心竞争优势的可持续发展。在网络平台战略的推动下，银行作为平台建立者，需要对平台中每个主体的商品流、资金流、信息流和物流实时监控，并建立灵活性高和完善的风险响应以及隔断机制。用户协同共生的组织结构和规则的制定能够帮助银行锁定领导者地位，并平衡多边参与者需求，提高其满意度。

在政府监管方面，有关政府和监管机构应针对网络平台系统这种新的商业模式，对其整体运行和参与各方的经济活动行为制定监管规定和配套的监管手段，并明确界定各种平台因素的责任。认真监控和管理平台整体运营的合法合规性，以确保所有参与者的合法利益能够得到相应法律法规的保护。随着平台不断推出定制化的创新产品和服务，需要不断调整并更新相关的法规，从而控制平台及各主体的风险。

第6章

互联网金融平台临界
规模突破策略

近年来，互联网金融在我国的发展十分迅速。不仅传统金融机构加大了对互联网工具及技术应用的重视程度，而且互联网企业以及一些生产性企业也纷纷跨界进入互联网金融领域。与其他电商平台一样，在早期启动过程中，互联网金融平台也面临了"鸡蛋相生"困境，互联网金融平台如果想实现持续稳定增长，必须在平台前期快速积累一定的用户规模，达到发展的临界规模。

当前的理论分析以及实证研究都是基于成熟平台展开的，验证了包括互联网平台企业定价结构在内的平台性质。作为主要的金融中介，互联网金融平台只有在企业平台突破临界规模之后，才能获得稳定的可持续性的增长；如果没能实现规模突破，就会被市场淘汰，给经济社会带来风险影响。因此，亟须对互联网金融平台早期发展阶段中如何实现临界规模突破的问题进行深入研究，为互联网金融平台企业突破临界规模提供策略选择以及运用的建议。

6.1 研究现状

6.1.1 互联网金融平台

互联网金融平台是一种特定类型的网络平台。目前，尚未对互联网金融平台的概念进行清晰地界定并且做出阐释。周勤等（2015）提出，与传统的金融模式一样，互联网金融的核心功能也是融通资金。顺利融通资金需要对应的中介和载体，在现代的经济生活中，银行柜台系统是银行所有产品和服务得以实现的中介和载体，交易所系统是投资银行类金融服务得以实现的中介和载体，银行卡体系是信用卡类金融服务得以实现的中介和载体。由此可知，金融服务的顺利实现都离不开相应的中介平台的帮助。因此，互联网金融中所有产品和服务的提供，都不能缺乏对应的中介和载体，而在互联网金融中发挥中介作用，充当载体的平台就是互联网金融平台。

段文奇等（2009）将平台的构建模式看作是分类的依据。依照这个将网络平台分为三种：第一种是完全新建的、不存在任何原有的基础，这类平台往往创新水平较高；第二种是以企业原有的单边市场作为基础构建的，这类平台企业往往在其原有的单边市场上有一定的用户基础，并且其原有用户粘性较高，因此这类的平台在建立初期就拥有较大规模的用户群；第三种基于平台企业其他领域已有的、发展较成熟的平台拓展而来，比如，腾讯旗下的财付通平台就是基于微信这个即时通信平台发展出来的。

平台的网络类型也可以作为分类的依据。周勤等（2015）依照这种方法划分了目前市场上的互联网金融平台。一类互联网金融平台被划分为典型的单边网络。比如，支付宝平台。在支付宝平台中，支付是平台网络中唯一的一种传递方向，现金宝、余额宝等互联网金融理财产品也属于单边网络，因为这些平台上的存款人并不与借款人有任何直接的接触。另一种类型的互联网金融平台则属于标准的双边网络。比如，P2P平台和众筹平台。不同网络类型的互联网金融平台的网络效应也不一样，从而对互联网金融平台的成长以及发展存在异质性影响。

6.1.2　临界规模

目前，有关临界规模的研究集中在三个方面：临界规模界定、临界规模突破的影响因素以及临界规模突破策略。

6.1.2.1　临界规模界定

奥伦和史密斯（1981）研究了电子通信市场的临界规模以及定价结构，认为平台的临界规模有如下定义，对于存在正的需求外部性的技术而言，必须诱导一定数量的用户同时使用，或者基于其他用户也会使用的预期而使用，从而形成一个在经济上可行的使用者集合，类似"最小的可行使用者集合"，被称为使用者的"临界规模"。

伊科诺米季斯和希默尔伯格（1995）界定了临界规模，认为假定某行业具有网络外部性，那么给定这个行业的成本以及其市场结构，临界规模就是指能够使这一行业处于持续的、均衡状态的、最小的网络规模，即除非网络规模大于这一最小水平，否则这一行业不会达到均衡状态。换言之，临界规模是指网络产品或者服务在任意价格水平下达到非零和均衡所需的最小化市场规模。对于大部分网络产品或者服务而言，其对应的临界规模必然是一个足够大的市场规模。临界规模这一概念的提出，导致许多网络产品和服务在逻辑上存在"鸡蛋相生"的悖论，即由于网络产品以及服务的现有用户规模较小，潜在用户没有兴趣购买这种网络产品或服务。然而，现有用户规模较小的原因恰恰是目前购买了这种网络产品或服务的用户规模较小。

尚卡尔和巴耶斯（2002）分析了家用视频游戏产业的网络效应以及系统性竞争，对临界规模进行了界定。在具有显著的网络效应的行业中，当行业达到均衡状态时，市场上通常不只存在一种类型的技术。由于网络效应的存在，构建的模型可能存在多个均衡点，而当且仅当这种新型技术的用户规模突破一个特定临界值之后，这种新型技术才能够占据行业大部分的市场份额，此时，这种用户规模的临界值就是所谓的临界规模。

拉班等（2010）实证发现，如果一个网络社区能够在其发展的初始阶段突破临界规模，那这一网络社区更可能实现长期存续。然而，不能单纯地认为网络社区的临界规模就是特定数量的用户，这是因为在同一个网络社区中，不同用户参与程度不同。网络社区的存续期与其临界规模之间存在显著相关的关系。在研究中，拉班等（2010）通过网络社区的信息流量、网络社区上用户群体的异质性以及网络社区所提供的产品功能三个指标，来衡量网络社区是否突破了临界规模。

6.1.2.2　临界规模突破的影响因素

奥伦和史密斯（1981）研究了不同定价结构对电子通信产品及服务突破临界规模难易程度的影响。包含固定费用、初始免费通信流量，以及对超出初始免费通讯流量之外的每单位流量进行边际收费的三部定价法能够促进电子通信产品及服务突破临界规模，三部定价法可以减少电子通信产品以及服务的临界规模所对应的用户数量。

威特（1997）研究了在网络外部性影响下的产业变革和技术的锁定效应之

间的相关关系。新技术的扩散过程中网络外部性会发挥重要的作用，产生显著的影响。由于网络外部性有利于市场上已经得到广泛使用的技术巩固其市场地位，因此，一种新型的技术能否在具有网络外部性的市场上成功进行扩散，主要在于其能否成功实现临界规模。但一般而言，影响一种新型的技术能否成功扩散、能否成功突破临界规模的主要因素是，相比于市场中的成熟技术，新型的技术能够为用户带来多少独特的使用价值。

斯里尼瓦桑和斯沃米（2004）在考虑企业以及产品具体特征的情况下，研究网络外部性对网络市场中先行者存续期的影响。然而，网络外部性不利于网络市场中先行者提高其存续期。即企业进入市场的先后顺序并不会对企业能否突破临界规模产生传统研究结论认为的明显影响。该结论说明，在分析企业突破临界规模的问题时，并不能简单地认为，企业进入网络市场的时间越早，企业就越有可能积累用户，突破临界规模。

埃文斯（2009）分析了平台上用户群体的异质性对平台突破临界规模的影响。热衷于社交活动的用户更容易影响周围人，也更容易吸引新的用户进入平台。平台一侧用户对另一侧用户的价值评估也存在差异，一些用户被认为是"极具价值"的，因为很多人为了获取信息都愿意与这些用户建立联系。这类用户在平台经济领域被称为"大买家"，在社会网络领域被称为"有威望的节点"。大买家型用户不仅能提高平台对于市场上潜在用户的价值，而且具有强大的个人影响力，能够为平台吸引大量新的用户，帮助所在平台顺利实现对临界规模的突破。

埃文斯和施马伦塞（2013）研究了双边平台经济在其发展初期消费者行为的动态、消费者偏好的分布，以及网络效应的特征是如何影响临界规模障碍的。如果用户在不同平台之间不存在转移的成本，在某些特殊情况下，效率较低的平台也有可能突破临界规模；平台为用户带来的价值以及企业家在平台发展初期实施的策略会对其能否突破临界规模产生最为重要的作用。

6.1.2.3　临界规模突破策略

威特（1997）研究显示如果一种新型技术的总体效益足够好，而网络不经济是阻碍该技术在市场上扩散的唯一因素。那么这种新型技术的开发者可以通过雇佣推广机构，协同市场上该新型技术潜在用户者的决策行为，即组织一种群体性的采用行为，帮助该新型技术突破临界规模。

埃文斯（2009）总结了平台发展初期可能实施的一些策略，促进其所在平台突破临界规模：（1）常规的曲折向前策略，逐渐增加平台两侧的用户数量；（2）对平台两边的参与者做出预先承诺的策略，说服并吸引最低数量的早期用户进入平台两侧，并且使双边用户都相信，一旦平台投入使用，平台的另一侧一定会聚集更多用户；（3）单个大买家策略和双大买家策略，单个大买家策略要求在平台的任意一侧存在一个有影响力、有威望的参与者，双大买家策略则要求在平台的两边都存在一个有影响力、有威望的参与者；（4）两步走策略，先在平台的一边先聚集一定规模的用户，然后平台的另一侧再开始吸引用户；（5）自主供给下的曲折向前策略，平台企业至少在平台的发展初期自行充当平台某一侧的经济主体，从而保障平台顺利启动。

6.2 互联网金融平台临界规模突破的影响因素

随着互联网金融行业的逐渐成熟，与其他基于互联网信息技术实现迅速发展的电商平台一样，只有在突破临界规模之后，互联网金融平台才能持续稳定增长。为了构建适用于互联网金融平台的临界规模突破策略，在借鉴已有文献关于平台经济以及临界规模研究的基础上，对互联网金融平台临界规模突破的影响因素进行了归纳与分析。

6.2.1 平台的形成机制

目前我国主要有四类发展互联网金融的企业：传统其他企业、传统金融机构、新兴互联网金融型企业以及传统互联网企业。

从传统金融机构逐步向互联网金融领域延伸的视角来看，银行业先经历了渠道的互联网化，开展了手机银行等业务，实现了传统主体业务的互联网化，大量第三方机构开始从事银行传统主体业务，一系列可以取代传统银行主体业务的金融产品逐渐出现，例如现金宝和众筹等。随着银行向互联网金融领域的延伸，创造出一种新的金融模式——互联网银行。在这种模式下，所有类型的银行业务都可以通过互联网在线上进行办理，主要有互联网公司模式、银行模式、第三方互联网银行平台模式这三种类型。实践中，微众银行、网商银行这种类型属于互联网公司模式，兴业银行银银平台等属于银行模式，向网络金融延伸的 IT 服务公司属于第三方互联网银行平台模式（李东荣，2015）。此外，证券、保险、基金公司等非银行金融机构实现互联网化的路径虽然有所不同，但也大致可以划分为三类：一是构建机构自身的网络平台，二是与第三方机构开展合作，三是发展成为互联网金融型企业（李东荣，2015）。传统金融机构在延伸至互联网金融领域时，仅是将金融产品的销售转移到线上，依此作为机构转型手段，然而并没有深度融合互联网与金融，激发金融创新。

从我国目前金融市场的发展现状来说，互联网金融主要出现了两条演化路径：一种是从金融机构核心业务出发，借助先进的网络技术和信息技术，不断对金融服务模式进行创新，进一步优化用户体验；另一种是基于互联网企业具有的独特信息技术优势，逐步延伸至金融领域，为市场提供创新的互联网金融服务。而往往遵循了第二条发展路径的是在互联网行业中占据了领先地位的企业，它们将各自具有优势的、比较突出的核心业务，如即时通信、搜索引擎、电商销售和电商平台等向金融领域进行延伸，搭建了能够为市场提供金融创新服务的互联网金融平台。

随着国内金融体系改革的进一步推进与深化，搭建 P2P 平台顺应了我国进一步完善金融体系的需求，是国内不完善的理财市场以及融资市场的一种有益补充。但是，市场中仍然有一些众筹平台，它们或是没有寻找到最合适自身的盈利模式，或是尚处于平台启动的初期阶段，还没有突破临界规模。

"互联网＋"这一构想促进了我国传统产业与先进的网络技术以及信息技术的深度融合。具体而言，许多成功转型的传统企业在"互联网＋"的过程中都融入了如供应链金融等多种类型的互联网金融要素，其转型模式主要有两种：O2O 模式或者供应链金融模式。

可见，传统互联网企业搭建的互联网金融平台在突破临界规模上具有一定的优势。第一，这些企业大多具有突出优势的核心主营业务，如即时通信以及电商平台等，这些业务已经拥有一定的用户基础，并且具有较强的用户粘性，因此在平台建立初期，互联网金融平台就会拥有大量的用户。第二，在开展互联网金融业务时，互联网企业更注重金融创新业务，互联网技术与金融的相互渗透更加明显。

6.2.2 平台的产品服务

互联网金融平台最基础的要素就是其所提供的产品与服务。当用户能够从平台的产品与服务中获得效率的提升，以及交易成本等的下降，最终得到收益的增加，用户才会提升其对平台的评价。进一步地，这些有所获益的用户才会在其社会关系中对平台进行推广以及口头宣传，进而吸引潜在用户进入平台，这对于平台突破临界规模有着重要意义。

目前，消费者对互联网金融产品与服务有着较为旺盛的需求。互联网金融行业秉承开放和分享为核心的互联网精神，其产品与服务更新换代的频率远远高于传统金融行业。对互联网金融平台而言，产品与服务是其核心竞争力的体现。

6.2.3 平台的定价策略

互联网金融平台是一种特定类型的双边市场。在传统单边市场的定价中，企业主要考虑消费者的需求弹性、产品与服务的边际成本。而在双边市场，双边用户的进入行为不仅取决于平台对两边用户收取的总价格水平，也取决于平台的价格结构，即总价格水平在两边用户之间如何分配。因此，互联网金融平台在制定定价策略时，既要考虑收费的总价格水平，也要考虑如何在两边用户之间分配总费用，从而促进平台两边用户一同增长，进入增长的良性循环，从而提高平台为双边用户创造的价值。

6.2.4 平台的推广方式

我国各互联网金融平台提供的产品以及服务并没有呈现出明显的差异，需要加大平台中产品和服务的异质性。由于市场份额有限，为在市场中占据较多的份额，各平台展开激烈的竞争。互联网金融平台为了突破临界规模，最常见的方式主要有以下几种。

（1）软文推广。对互联网金融平台来说，软文推广过程是与目标群体发生接触最重要的部分。因此，互联网金融平台往往选择各大投资论坛以及财经门户网站作为主要渠道。软文的内容主要包括品牌宣传、活动信息以及促销信息等。从推广效果来看，软文推广能够针对目标客户进行投放，可以保证投放的精准性，但品牌营销是一个长期过程，需要较长时间地积累才能体现出效果。

（2）邮件与短信推广。一般而言，用户在互联网金融平台进行注册，平台会收集其个人信息以及资料，这是平台发放相关推广活动的一个较好的渠道。一些平台会定期向用户发送包含与平台相关的新闻等信息的邮件；也有一些平台会向用户定期推送会员刊物或者电子杂志。平台通过这种方式为注册用户提供增值服务，从而提高用户的粘性。由于互联网金融平台涉及用户的资金以及金融交易，往往都会提供邮件确认与短信提醒等相关服务。

（3）自媒体推广。在互联网以及移动设备广泛普及的今天，用户改变了其获取信息的习惯，企业也逐渐推出了一些新的营销形式，自媒体营销作为一种新的方式逐渐展现出了效果。互联网金融平台依托微信、微博等社交软件，实施了微博营销、微信营销等推广方式。除构建企业的自媒体工具以外，直接借助舆论领袖进行推广也能收获粉丝效应（乐天等，2015）。在短期之内，自媒体的确能够吸引一部分用户进入平台提高用户参与度。然而，这种推广方式仍然存在一定的问题，自媒体吸引的用户往往信任的是自媒体而非平台，互联网金融平台必须要维护好自身与自媒体的关系才可能增加这部分用户的粘性。而随着后续吸引到的用户数量的上升，自媒体可能会要求更高的合作费用。

（4）网站广告位展示。互联网金融平台普遍已经拥有自己的网站，那么网页里的链接或广告位都可以用作营销的渠道。网站与网站之间可以签署联盟协议，通过交换链接或广告位来推广平台。这类合作通常有两种类型的计价方式：其一是按投资用户的数量进行计价，其二是按注册用户的数量进行计价（乐天等，2015）。

（5）线下推广。互联网金融平台并不仅局限于线上的多种形式的活动，也会举办一些线下的活动。例如，目前许多P2P平台都积极参加一些金融论坛以及峰会活动，希望借助展会的影响力来形成自己品牌的形象优势，从而提高自身在行业中的地位。

（6）搜索引擎推广。搜索引擎推广较为常见的方法有网页内容、定位广告等。而互联网金融平台在实施搜索引擎推广时，尤其要关注用户质量的评估和推广成本的计算，这种方式能够为互联网金融平台带来较高质量的用户，但费用也相对昂贵。

6.2.5　平台用户的个人影响力

埃弗雷特·罗杰斯在创新扩散理论中指出，个人影响力对新产品采用情况有重要影响，即用户对其他用户采用新产品概率的影响能力（Rogers，1962）。

在互联网金融平台上，不同用户的个人影响力有所不同。平台一侧用户对另一侧用户的价值评估同样存在差异，一些用户被认为是"极具价值"的，因为很多人为了获取信息都愿意与这些用户建立联系。这类用户在平台经济领域被称为"大买家"。大买家型用户不仅有利于平台给市场上潜在用户带来更高的价值，而且凭借其强大的个人影响力，能够吸引大量新的用户进入平台，帮助平台顺利突破临界规模。

6.2.6 平台的知识属性

库尔特·多普菲（2004）在《演化经济学》中提出，在短期内，生产的发展由特定的物质约束决定；但是在长期，经济系统创造知识的能力可以减轻或排除这些约束，成为经济发展中决定性的因素。企业能力理论指出企业内生知识以及能力的积累是企业获取竞争优势和经济租金的重要来源。随着平台的不断演进，其物质属性和知识属性会逐渐分离，其中良好的知识属性才是平台增长的动力（刘江鹏，2015）。

在聚集双边用户开展交易的过程中，互联网金融平台会形成海量的交易信息以及特定的需求信息等知识的沉淀，这种知识属性是平台经济租金以及竞争优势产生的基础。

6.2.7 平台的创新能力

对互联网金融产业来说，创新一直都是其维持快速发展的动力源泉。边际收益递增理论认为，在知识驱动型经济中，企业的产出会随着知识以及技术等要素投入的提高而提高。因此，企业的收益会呈现出规模递增的趋势。

作为一种典型的技术驱动型组织，如果互联网金融平台具有技术上的优势，那么该平台就将占据市场的主导地位，甚至会形成垄断。由于互联网金融行业具有进入壁垒以及规模经济等行业特征，面对逐渐激烈的市场竞争以及市场中潜在进入者的威胁，互联网金融平台必须将技术创新作为企业发展的原动力，改善并优化用户体验，挖掘新的潜在用户，从而占据较大的市场份额，在行业中取得优势地位。

6.3 互联网金融平台临界规模的突破策略

对比以前学者开展的平台突破临界规模影响因素以及突破临界规模策略的

研究，可以明显发现不同的影响因素会导致平台企业选择并运用不同的突破临界规模策略。因此，本章归纳并且分析了互联网金融突破平台临界规模的影响因素，进一步从定价策略、销售策略、大买家策略、数据挖掘策略以及产品创新策略五个方面推出适合互联网金融平台突破临界规模的策略。

6.3.1 定价策略

互联网金融平台有三种定价模式：第一，注册费。这种方式属于一次性收费方式，用户必须向平台缴纳规定的注册费，才能进入平台，进而获得平台提供的产品与服务。第二，交易费。这是指用户在平台中进行交易后，按照其交易数额或次数需要支付的一定费用。通过分析发现，收取交易费可能会间接影响到平台的总交易额。第三，两部收费。这种方式将注册费与交易费相结合，用户首先要向平台缴纳规定的注册费以进入平台，之后平台会根据用户的交易数额及其次数收取一定数额的交易费。在互联网金融平台的具体运行过程中，注册费会对用户数量产生较大的影响，交易费则会影响平台的成交规模。

处于不同阶段的平台定价策略一般有所差别。处于启动期的互联网金融平台首要任务是聚集双边用户，实际中可能采取先吸引平台某一侧用户进入的策略。为了实现这个目的，平台通常会先不对使用者收取任何费用，甚至会补贴使用者。这是因为当平台聚集了使用者后，平台另一侧的潜在使用者才更有意愿进入平台。而当平台积累一定的用户规模，获得一定的用户基础并进入成长期后，平台企业会开始对用户收取一定的费用，从而实现平台的盈利。淘宝网就是一个典型的案例，在其创立初期，平台基本上对于买卖双方都不收取任何准入费用，进入门槛较低，平台在开始运营的几年中一直处于持续亏损的状态。在用户累积到一定程度具有用户优势之后，即使推出了天猫商城，它仍然不对消费者收取任何费用，但对卖家收取了高额的入驻费用，并按年收取一定比例的交易手续费，平台基于倾斜式的定价策略逐渐扭转亏损，并实现盈利。

6.3.2 销售策略

我国金融行业的传播渠道已经从传统的电视、平面媒介渠道向互联网领域转变。企业广告投入渠道的变化也反映出这样的趋势，在网络媒介上的投入已经超过其在传统媒介上的投入。

社会化媒体的崛起也是最近几年网络媒介发展的一大趋势，国内外学者们一致认同其能够支持并促进用户之间交流。社会化媒体营销就是利用社会化媒体来开展销售、口碑管理、宣传、客户关系维护与拓展等营销活动。如今，一些企业的销售人员热衷于在微博平台上进行推广，也有部分企业的销售人员倾向于在微信平台上进行推广。

（1）粉丝经济。粉丝经济是互联网时代一种较为独特的社会现象。这种现象下出现了"意见领袖"这个全新概念，即那些在某个群体中有较高影响力与威望的个人。很多互联网金融公司在进行社会化媒体推广时，会集中资源对粉丝群中的意见领袖进行推广，从而产生粉丝经济。

（2）有效确认潜在客户。社会化媒体掌握了庞大的用户信息，包括用户能够承担多大的消费额度，客户偏好消费什么类型的产品或服务等。因此，通过社会化媒体进行推广、开展营销，不仅可以深度分析用户数据，挖掘出潜在用户，而且能开拓更多揽客渠道。

（3）大数据营销与口碑管理。通过对社会化媒体的用户数据进行数据分析以及市场调查，企业能够有效地挖掘出用户的需求，从而有利于为产品及服务的后续开发提供思路。此外，企业也会通过社会化媒体进行舆论监控以及口碑管理。在传统媒体时代，企业难以实施舆论监控，这就导致企业长久以来辛苦维持的良好声誉，极有可能因为一个看似微不足道的负面信息遭受重创。当下的企业如果遭遇声誉问题，社会化媒体是一个有效的应对渠道。

（4）加强企业与用户的互动。以前，企业往往通过传统媒体投放广告。这种方式下，企业难以马上得到用户的反馈。同样，新闻网站以及官方网站上与用户之间的沟通交流也往往是不及时的，甚至是单向的，无法与用户形成持续性互动。随着互联网以及移动设备的普及化，社会化媒体逐渐兴起，企业通过设立微博、微信等官方账号搭建起与用户直接沟通的透明、即时的对话平台。企业与用户之间产生了长期的良性互动，这也有助于企业实施并推广其品牌战略。

如何加大社会化媒体营销的精准化程度并加大企业对这种营销的控制度仍需要深入研究。此外，还存在难以精确计算这种营销活动投入产出比的问题。互联网金融平台必须要兼顾传统营销方式和社会化媒体营销。具体而言，企业既要重视传统媒体营销，也要提高对网络媒体尤其是社会化媒体的营销投入，发挥社会化媒体营销的积极作用，帮助自身突破临界规模。

6.3.3 大买家策略

根据前面的分析，大买家型用户不仅能够提高平台为潜在用户创造的价值，而且其强大的影响力能够吸引许多新的用户进入平台。所以，互联网金融平台在发展初期可以通过实施大买家策略来帮助平台突破临界规模。单个大买家策略是指在互联网金融平台的一侧有一个富有价值的用户，平台在启动时就能够依靠该用户的影响力在另一侧吸引到足够多的用户；双大买家策略是指在互联网金融平台的两侧都要有一个极具价值的用户，他们不仅可以为对方提供价值，还能吸引数量庞大的新用户进入平台。由于大买家型用户能够为平台带来较大的组内和交叉网络外部性，互联网金融平台往往需要付出较大的代价来吸引这种大买家进入平台。

6.3.4 数据挖掘策略

金融的本质是为用户提供数据服务。互联网金融平台作为一种商业模式，只是作为金融活动的中介，改变了活动的渠道，并没有改变其融通资金的本质。因此，数据是互联网金融平台的核心，假设存在一个平台，与其他平台相比，它不仅能生成更大规模、真实度更高的数据，而且具有更强的处理数据以及应用数据的能力，那么在未来，该平台的竞争力肯定显著高于其他互联网金融平台。大数据具备数量大、商业价值高、类型多、处理速度快的特点。目前我国互联网金融平台主要在以下方面运用到大数据。

（1）指数编制。互联网金融平台可以独立或与统计局等官方机构开展合作来编制指数，为市场上的投资者和投资机构提供参考依据。

（2）资产定价。在金融理论进一步的研究与不断完善中，定价等核心问题仍然没有得到较好的解决，尤其是对于金融衍生产品而言。互联网金融平台可以借助大数据，分析实际的交易数据，从而来准确估计违约概率，从而有利于平台对投资组合进行个性化定价。

（3）精确营销。由于大数据技术目前已有较广泛的普及，传统的营销方法已经不再是大部分互联网金融平台的唯一选择。互联网金融平台可以选择研究消费者的线上交易数据，并基于其研究结果，对消费者的需求以及喜好进行分类，从而设计出更符合消费者需求和喜好的产品或服务，进而提高互联网金融平台的营销活动效率。目前为止，已经有许多学者开展了相关的研究，建立包括消费者社交网络、消费习惯、消费环境等多变量的模型，运用这种模型可以有效地对消费者进行分类。在实践中，支付宝就对其用户行为数据展开了研究，对其用户群体进行分类，得到 50 个细分种类后再展开具体分析。

（4）风险管理。金融活动的创新通常会带来金融风险，互联网金融也一样。互联网金融扩大了金融活动的范围，使其不再受限于人际关系以及地域，但这种范围的扩大也会加快金融风险的传播。

巴塞尔委员会细分了目前市场上的金融风险，主要包括流动性风险、道德风险、操作风险、交割风险、信用风险、市场风险、系统风险、法律风险八类。当一些传统的金融活动线上化，转移到互联网金融平台上进行交易时，金融产品和服务中的风险也会随之暴露，并且很可能相互关联。比如，P2P 平台爆雷，出现平台所有者携款潜逃等恶意诈骗或者非法集资等的违法事件。通常，互联网理财平台中收益率普遍虚高。

目前，互联网金融平台可以尝试挖掘并分析平台日常经营与交易活动中的大数据，尽可能早地发现风险，从而有针对性地采取规避和防范措施。

（5）信用评估。大数据改变了互联网金融平台对个人消费者以及企业的身份认证和信用评估机制。相比于分析并评估对象的静态信息，互联网金融平台更加重视用户的动态信息，这样更有助于平台评估个人消费者以及企业的信誉，划分等级，并设计考核模型。

从企业用户的角度来说，互联网金融平台能够根据企业经营活动中的订单接收、结算等重要经营环节来展开挖掘等数据分析行为，从而构建企业用户的信誉评分模型。此外，互联网金融平台还可以根据企业用户目前的信誉等级，结合其未来发展前景，给企业分配不同的信誉额度。

从个人消费者的角度来说，互联网金融平台收集了用户在实名注册时上传的静态信息以及用户在平台上交易所产生的动态信息。平台通过在这些静态和动态信息之间建立起有机联系，从而搭建相关模型，互联网金融平台就能够从中推算出个人消费者的行为曲线。由此，平台能够进行交叉检验，对个人消费者进行用户画像，从而评估其信誉，将消费者进行分类，然后针对其不同的需求推出个性化的服务。

总的来说，互联网金融平台应当重视对大数据的研究与掌握，加大投入，从而提升平台大数据处理能力，丰富其应用形式，提高平台的竞争力，帮助其尽早突破临界规模。

6.3.5 产品创新策略

目前，我国互联网金融平台主要提供以下三类产品：融资类金融产品、支付类金融产品以及理财类金融产品。在目前各类平台的产品以及服务差异较小、同质化严重的情况下，互联网金融平台必须重视商业模式和产品服务的创新，才能实现临界规模的突破。

在融资类金融产品上，互联网金融平台应当通过分析目标用户群体消费行为，在线上以及线下有针对性地设计并推出融资产品及服务。在支付类金融产品上，互联网金融平台应当在确保支付交易安全性和快捷性的基础上，研发创新型支付产品，革新支付的中介渠道，使支付环节更加流畅与便利，优化用户的支付体验。在理财类金融产品上，互联网金融平台应当细分目标用户群体，然后对不同群体的具体需求有针对性地研发并推出不同的理财产品及服务。

6.4 案例分析

阿里巴巴和腾讯都是我国互联网行业中的龙头企业，两者旗下的金融业务发展态势良好，都属于互联网金融平台成功运营的代表。因此，将阿里巴巴以及腾讯旗下的金融业务作为案例研究对象，能为我国其他互联网金融平台突破临界规模提供重要的参考价值。

6.4.1 阿里金融

6.4.1.1 阿里金融发展历程

阿里巴巴于1999年在浙江杭州成立。最初，阿里巴巴是一个对接企业的B2B线上交易平台。在发展初期，平台中企业用户的产品质量良莠不齐，加上线上交易无法检验货物，买卖双方存在较严重的信息不对称，双方难以互相信任。针对这一问题，2002年3月，阿里巴巴专门为平台中的中小企业用户推出了"诚信通"。该服务借助于独立的第三方机构，验证企业用户的真实信息，并记录其交易活动，为其建立诚信档案，从而提高商户的信用度。2004年，阿里巴巴进一步推出了"诚信通指数"。这一指数可以衡量企业用户交易成熟度以及其在线上的信息透明度，企业用户也可以通过这一指数系统性地了解以及判定同行企业的具体信用情况。在十多年的发展过程当中，阿里巴巴积累了许多初创企业以及中小型企业用户的信誉数据。相比于银行等金融机构的信誉数据，阿里巴巴拥有的企业信誉数据更加真实和完善。这些逐步积累的数据帮助阿里巴巴在今天的金融领域得以顺利发展。

阿里巴巴在 2002 年首次实现正现金流入。2003 年 5 月，阿里巴巴推出了"淘宝"C2C 线上交易平台网站。然而，淘宝网在建立初期也存在平台双方信任度低的问题。为解决信任问题，2004 年，阿里巴巴集团推出支付宝。图 6 - 1 显示了其具体的业务实现流程。

图 6 - 1 支付宝交易流程

2011 年，在国内许多的第三方支付平台里，支付宝第一批得到了中央银行颁发的《支付业务许可证》。2012 年，支付宝第二次按照中央银行《支付机构互联网支付业务管理办法（征求意见稿）》的有关规定规范经营业务。支付宝逐渐形成阿里巴巴在金融行业中的竞争优势，帮助平台解决了许多渠道问题。根据艾瑞咨询的调查结果（见图 6 - 2），2015 年 7 月到 9 月，国内第三方互联网支付交易规模中，支付宝占据了 47.6% 的市场份额。

2007 年，阿里巴巴先后和中国建设银行、中国工商银行等多家银行展开合作，共同推出了新型的贷款工具，例如，"e 贷通""易融通"等，主要服务隶属于阿里巴巴平台的电商用户。在这些贷款工具的运作中，阿里巴巴发挥着中介的作用，阿里巴巴上的电商用户提交贷款申请，平台上会有业务部门整合贷款者的基本信息，送交到银行的业务部门。银行最终来决定电商用户能否获得贷款。2008 年，阿里巴巴与两千多名世界各地知名的风险投资者，共同合作，推出了网商融资平台。阿里巴巴通过与银行不断地开展合作，逐渐掌握了银行贷款体系的每个构成部分，并且迅速搭建起了企业自己的一套信誉评价系统，形成了与之相匹配的数据库，还积累了贷款出现风险时的处理方案，进而解决了未来发展金融业务的技术难题。

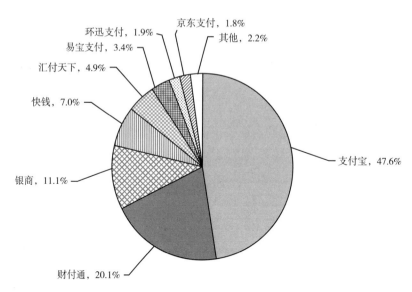

图 6 - 2　2015 年第三季度中国第三方互联网支付交易规模市场份额

2010 年，浙江阿里巴巴小额贷款股份有限公司（以下简称阿里小贷）的创立标志着阿里金融的正式诞生。该公司是国内首家对电商行业内小微企业提供小额贷款的公司。阿里小贷基于阿里巴巴下属各平台所提供的用户数据，对企业以及个人用户做出信誉评估。

6.4.1.2　阿里巴巴金融业务布局

阿里巴巴金融体系以支付宝第三方互联网支付平台业务为核心业务，衍生出互联网理财等多个方面的业务。

（1）互联网支付。阿里巴巴以支付宝作为阿里金融体系的核心，以支付宝作为突破口向金融领域进行延伸。随着阿里金融体系逐渐发展，支付宝成为关联阿里巴巴大部分互联网金融业务的纽带。支付宝与证券、基金等行业的龙头企业开展合作，保持支付宝在行业内不可撼动的领先地位。针对消费者心理开发出消费者需要的产品及服务，改善用户体验。

（2）互联网理财。2013 年，余额宝正式投入使用，这是阿里巴巴扩展其金融业务版图的一个关键步骤。余额宝以支付宝作为中介与载体，主要为小额长尾用户提供理财服务。余额宝在第一期选择了天弘基金作为合作伙伴，凭借天弘基金产品设计的优点和阿里巴巴的用户优势，从推出起就受到追捧。2014年，余额宝的规模突破 4000 亿元人民币。

（3）互联网资产管理。2014 年，蚂蚁金服的成立标志着阿里巴巴已经全面构建起以企业为中心的金融生态圈。2015 年，蚂蚁金服内部代号为"维他命"的金融服务平台开始面向外界提供服务。蚂蚁金服与两百多家不同类型的金融机构开展合作，这些机构能够帮助阿里巴巴进行专业的商品设计和控制风险等服务。

（4）互联网信贷。2010 年，阿里小贷成立。作为阿里巴巴从电商领域向金融领域的重要延伸尝试，阿里小贷主要提供阿里贷款和淘宝贷款两类服务。

（5）金融 IT。阿里巴巴于 2014 年收购恒生电子股份有限公司（以下简称恒生电子）。恒生电子成立于 20 世纪 90 年代中期，其网络服务以及金融软件在全国知名度较高。恒生电子涉及多个行业的经营，包括通信以及保险等。同时，恒生电子在证券、期货和基金等金融 IT 领域占据较大的市场份额。软件系统作为构建互联网金融体系的基础，具有很强的渗透性和用户粘性。阿里巴巴收购恒生电子为阿里金融体系业务顺利开展、挖掘出新的业务增长点并且规避风险奠定了基础。

（6）互联网数据处理。阿里（中国）软件研发中心和阿里巴巴软件有限公司的成立，说明阿里巴巴的"触角"延伸到了软件开发以及服务领域。阿里巴巴于 2009 年成立阿里云，主要为阿里巴巴提供数据中心服务以及云平台计算服务。2010 年，阿里云公开了它的云计算范围内的技术服务，用户能够线上远距离地享受大数据处理等服务。截至 2014 年末，阿里云为超过 150 万用户提供了云计算服务，也涉及了音乐视频以及网游等多个行业。同时，它还为很多金融机构提供专门为其服务的金融云。

（7）互联网保险。众安在线财产保险股份有限公司（以下简称众安保险）是 2013 年由以阿里巴巴为首的国内著名企业共同成立的。众安保险是中国第一个成功获得互联网保险经营牌照的企业，也是保险和互联网两大行业协同在互联网金融领域进行的重要尝试。它的所有业务全部都在线上开展，包括承保和理赔在内的每一项业务都在互联网上进行。

（8）互联网担保。商诚融资担保公司于 2012 年在重庆成立。作为阿里巴巴金融体系中的一环，商诚融资担保公司的注册资金达 3 亿元。有两方面原因促使阿里巴巴进入担保行业：一是阿里巴巴为扩大其旗下阿里小贷的规模并且使其经营覆盖更大的地区以及范围，二是为了推进阿里金融的平台战略。在实际交易中，商诚融资担保公司能够作为消费金融以及小微信贷的担保方，为交易提供保障，进一步完善阿里金融的交易链条。

（9）互联网外贸。阿里巴巴于 2010 年收购了一达通企业服务公司。一达通企业服务公司成立于 2001 年，是中国一家为中小企业提供商品进出口外包服务的企业。其所有流程都可以在网上一站式完成，例如保险、贷款、认证、退税、物流等服务。阿里巴巴收购一达通能够拓展自身的小额外贸服务，健全并完善中小企业信誉的评估系统。同时，加上一达通翔实的交易活动数据，阿里金融能够更精准有效为中小企业提供速度更快、风险更低的小额信用贷款。

6.4.1.3 阿里金融临界规模突破策略分析

阿里金融在经营和发展过程中，实施的临界规模突破策略具体有以下几点。

（1）阿里金融的数据挖掘策略。阿里小贷作为阿里巴巴延伸至金融领域的重要一环，在经营过程中，会先分析用户在阿里巴巴旗下各个平台上的交易以及行为数据，然后对其进行信用评级，并依据该评级对用户发放小额贷款。截至 2014 年上半年，阿里小贷累计发放贷款突破 2000 亿元，服务的小微企业达 80 万家。2015 年推出针对个人的小额信贷产品借呗，2016 年推出花呗。截止到 2018 年，蚂蚁小贷和网商银行服务了近 1200 万家小微企业和个体工商业者，发放了超 2 万亿元的贷款。

阿里小贷是阿里金融实施数据挖掘策略的代表性成果。一方面，阿里金融基于大数据搭建了小微企业征信系统。阿里巴巴旗下的支付宝、淘宝等多个平台的数据库是相互贯通的，由此阿里小贷就能借助阿里巴巴庞大的申请贷款的个人和企业的信息数据，进行信用评级，这也解决了小微企业贷款存在的信息不对称问题。另一方面，阿里金融基于大数据建立了风险控制系统。在贷前征信与信用评价方面，阿里小贷汇总了申请贷款的个人以及企业交易数据代入信用评估模型，并运用大数据技术来评估其信用；如果申请人的贷款获批，阿里小贷会及时在支付宝平台上进行核实，并且会实时监控款项的具体流向；在贷后管理上，阿里小贷也会跟踪调查贷款资金的具体用途和企业的实时状态，并将调查得到的数据代入贷款回收模型来计算，这种分析与计算有利于资金的有效回收。考虑到阿里巴巴能够在各个平台上跟踪贷款资金去向并且获取到贷款企业实时状况，这极大地减少了阿里巴巴所要面临的贷款风险。

如今，电子商务交易总额在社会消费品零售总额中占比高达 10% 左右。与金融机构过去收集的数据相比，电商提供的数据能够更加直观并且及时地展现出当前整体经济状况的变动，而经济状况的变动会对社会的投资活动产生较大的影响。依靠支付宝的大数据，例如买家数量、卖家数量、产品定价等，淘金100指数能够反映出现今经济发展状况以及国民消费水平，从而影响社会的投资活动。因此，这一产品是阿里金融开展数据挖掘策略的重大创新成果。

（2）阿里金融的产品创新策略。余额宝是阿里巴巴扩展其金融业务的关键一环。依靠自身产品设计的优点和阿里巴巴所拥有的用户优势，余额宝从推出起就受到用户的追捧。

余额宝是阿里金融产品创新策略的代表性成果。一方面，大部分传统理财产品准入门槛较高，普通投资者一般无法达到投资门槛；另一方面，淘宝网接入了用户庞大的交易资金，这使得支付宝沉淀了用户的大规模资金，而消费者对存在支付宝中的资金有较强的增值动机。

阿里金融瞄准用户这一需求，对其金融产品进行创新。首先将创新产品定位为互联网理财产品，然后从用户需求出发，优化用户体验、提高用户参与兴趣以及用户粘性，对新产品设计提出如每日计算收益、支持随时申购与赎回、申购起点低等要求，最后选择了天弘基金协同合作，从而基于支付宝平台的用户优势和海量数据，利用先进的数据处理技术，推出了受到用户喜爱的新型互联网理财产品——余额宝，更好地服务于小额长尾资金，为这部分顾客提供理财服务。

以前，阿里金融与基金公司通常在支付以及渠道方面展开合作。具体而言，支付宝为金融产品提供支付服务，招财宝等基金为金融产品提供销售渠道。随着蚂蚁金服开放"维他命"服务平台，并且推出"淘金100"等大数据指数产品，阿里巴巴与基金公司的合作逐渐深入，实现了互联网与金融行业的融合。

淘金100是基于蚂蚁金服的大数据计算的。换言之，淘金100运用电商大规模交易数据，预测国民经济中各行业未来的繁荣程度和盈利状况，并据此选取100只股票形成投资组合。阿里金融不仅推出了全球首只电商指数，而且协同基金公司开展深入合作，推出了两只以淘金100指数为基础的基金产品。其中，2015年4月21日，博时招财一号基金在招财宝独家发售。这款金融产品只用部分资金投资淘金100，承诺本金不会有意外风险，适合风险厌恶的投资者。另一款产品是博时大数据指数基金，相比而言，更适合风险偏好的投资者。具体而言，博时大数据指数基金会将其95%以上的资产都投资到淘金100指数，更追求高收益。这两款公募基金产品都是基于电商大数据指数研发出的，也是阿里金融产品创新策略的一个重要成果。

6.4.2 腾讯金融

6.4.2.1 腾讯金融发展历程

腾讯拥有类型丰富、种类繁多的产品以及服务，例如门户网站、社交通信服务、在线视频、网络游戏平台以及社交网络媒介等。

腾讯于 2005 年正式推出"财付通"这一第三方互联网支付平台。财付通为个人用户提供支付、提现、充值等业务，为企业用户提供支付和清算等业务。与支付宝的飞速发展相比，腾讯在电商领域发展较迟，速度也较缓慢，腾讯旗下平台缺乏支付场景，这使得财付通平台在早期的发展较为缓慢。

财付通于 2011 年获得中央银行颁发的《支付业务许可证》。从此，腾讯开始基于财付通平台拓展互联网金融业务。2012 年，腾讯推出基于财付通平台的内置应用——理财汇。如今，理财汇涵盖股票、基金和保险三种类别的资产，能够满足大部分个人用户的投资需求。

此外，腾讯也延伸至证券咨询服务等其他种类的互联网金融业务。它于 2011 年成功收购益盟操盘手五分之一的股份，并且与益盟协同合作，一同打造了"腾讯操盘手"。2013 年，腾讯和众禄开展合作，携手打造了"腾讯基金超市"，包括面世仅 3 月，销量就突破了 2 亿元的现金宝产品，现金宝与海富通货币基金相接。同年，腾讯参股创建了众安在线财产保险股份有限公司，并且成功获得了中国第一张互联网保险经营牌照。同年，腾讯创立财付通网络金融小额贷款有限公司，开始涉及网络信贷业务。

对比发现，阿里巴巴的互联网金融业务是基于淘宝、天猫和阿里巴巴三个不同性质的电子商务平台经营发展的。其中，支付宝主要服务于在淘宝、天猫和阿里巴巴上进行交易的个人和企业。一般而言，消费者的金融活动可以大致被分为支付活动、融资活动以及投资活动三种。阿里巴巴基于这些金融活动，以支付宝为核心，在互联网金融领域延伸，逐渐覆盖了多种互联网金融业务。与阿里以电商平台作为主营业务不同，腾讯在即时通信领域占据更大的优势。因此，腾讯以支付为基础，融合社交来发展其互联网金融业务。

如今，腾讯主要拥有 QQ 和微信两大社交软件。到 2015 年 6 月底，QQ 的月度活跃账户数达 8.43 亿人，而微信的则为 6 亿人。庞大的用户基础有利于腾讯在其社交平台上搭载更多的支付场景。腾讯基于其社交平台，推出了如 QQ 钱包、微信支付等移动支付产品，逐渐实现了金融与社交的深度融合。

6.4.2.2　腾讯金融业务布局

目前，腾讯金融业务主要涉及支付业务、以 P2P 与互联网征信为代表的融资业务以及以股票、证券投资、保险、基金为代表的投资业务。腾讯金融业务布局具体有：

（1）支付业务。

● 财付通支付。2005 年，腾讯正式推出其第三方互联网支付平台——财付通，主要用于线上交易的支付与收款。其在中国第三方互联网支付市场中仅次于支付宝，占据第二的市场份额。

● 微信支付。微信支付建立在微信平台之上，与财付通共享支付牌照。微信支付的使用方式大致包含三种类型：第一，微信公众账号支付，消费者关注卖家的公众号或者小程序，浏览挑选商品并且确认订单，最后通过微信支付完成交易。第二，App 支付，即第三方应用程序支付，消费者在第三方软件中选择商品或服务并下单，通过微信支付来支付账单。第三，二维码支付，可以通过线下或线上进行扫码。

（2）融资业务。

● P2P。财付通小贷于 2013 年正式推出，它的客户群体主要是腾讯平台上的电商企业与个体商家。基于腾讯的大规模用户，未来的财付通小贷具有巨大发展潜力。此外，腾讯于 2013 年投资了 P2P 企业人人贷的母公司——人人友信集团。

● 互联网征信。腾讯于 2014 年宣布将推出互联网征信业务。2015 年，央行颁布《关于做好个人征信业务准备工作的通知》，对以腾讯征信为首的 8 家机构做出了关于个人征信服务的规定，给予其半年的准备时间。7 个月后，腾讯征信有限公司陆续研发并推出许多信用产品。腾讯建立自己的征信系统，不仅有助于提高专业金融机构的管理和风险控制水平，而且有利于完善社会信用体系，推动普惠金融发展。

● 投资业务。

a. 基金。理财汇是财付通的一款内置应用，也是腾讯在基金市场的主要业务平台。理财汇为用户提供了信息分析工具，用户能够在"基金 e 点通"上在线交易基金。如今，"基金 e 点通"与 20 多家基金公司展开了合作，南方和博时等基金公司都连接到了财付通的支付端口。对用户而言，只需要拥有一个财付通账号，就能够直接在线享受到多个基金公司的服务，大大地节约了时间成本。此外，用户也可以在"腾讯基金超市"线上购买基金。

b. 保险。在保险业上，腾讯主要开展了在线保险代销和参股成立保险公司等业务。用户能够通过"财付通保险超市"以及"QQ便民"直接线上投保。腾讯为用户提供了包括车险、家财险、意外险等多种险种。进一步地，腾讯集团与阿里巴巴等知名企业展开合作，一同成立了众安在线财产保险股份有限公司。该公司是中国首家拥有互联网保险经营牌照的线上保险公司，同时也是互联网和保险两大行业在互联网金融领域的重要尝试。其承保和理赔等全部业务全程在线上进行，不在线下设立任何分支机构。目前，众安保险涵盖了意外保险、旅行保险、健康保险、特色保险以及团体保险等业务。

c. 股票。腾讯在股票市场主要开展以下两种业务，一是其旗下的理财汇与国泰君安证券开展合作，在线交易股票。用户只需拥有国泰君安的账户就能享受理财汇的在线交易功能，直接线上交易股票；二是通过腾讯操盘手、指数产品、腾讯自选股软件以及腾讯股票频道等，使用户能够享受到股票信息分析等服务。腾讯在 2013 年与多家企业联合推出了"中证腾安价值 100 指数"，这是中国专业金融机构与互联网企业联合打造、合作研发的首只证券市场指数。2014 年，腾讯联合银河基金管理公司共同研发推出了"定投宝"，该产品跟踪"中证腾安价值 100 指数"，是国内首个互联网权益类基金产品。

d. 证券。2011 年，腾讯财报显示支付 3.8 亿元收购了一家证券分析软件公司 20.2% 的股权[①]，进入了证券咨询软件领域。2014 年，腾讯与国金证券战略合作，共同推出了首支互联网金融产品"佣金宝"，投资者通过腾讯股票频道进行网络在线开户，可享受万分之二的交易佣金，这种拥有强烈互联网金融思维的操作方式，是对券商经纪业务佣金模式的新一轮革命。[②]

e. 银行。2013 年，腾讯公司与招商银行合作推出"微信银行"服务。用户可以通过"微信银行"办理卡类业务，包括申办贷款、办卡申请、生活缴费以及积分查询等。

2013 年 8 月，腾讯与平安银行合作研发并推出"信用卡智能微信服务平台"。该平台能够自主查询绑定账户、自主推送优惠，这些业务在行业内具有较大的竞争优势，为用户提供了较大便利。同时，它还对账单查询、卡种介绍、费用介绍以及额度查询这四个用户访问量最多的业务进行了系统性优化，

---

① 搜狐科技，https://it.sohu.com/20120314/n337759291.shtml。

② 中证网，http://www.cs.com.cn/ssgs/gsxw/201402/t20140221_4313821.html。

建立全面的知识库，引入引导式问答，从而确保用户能获得更优质的信息服务。

深圳前海微众银行于 2014 年诞生，腾讯公司持有其约 30% 的股份。目前，微众银行已经推出贷款产品"微粒贷"，其贷款限额为 20 万元，服务线上的小额贷款商品。与普通的信用卡相比，其拥有更低的计息利率。

6.4.2.3　腾讯金融临界规模突破策略分析

腾讯金融是我国互联网金融平台成功运营的代表，研究其发展历程与业务布局中的临界规模突破策略，可为我国互联网金融平台带来重要的参考价值以及借鉴意义。

（1）腾讯金融的销售策略。腾讯在电商领域的发展比较缓慢，由于支付场景的缺乏，微信支付以及财付通的资金存量远远低于支付宝。为了突破这一发展"瓶颈"，腾讯金融抓住其传播优势，利用其自身的社会化媒体——微信展开了营销。

腾讯于 2014 年春节前推出"微信红包"，迅速受到了大量用户的欢迎。用户只需关注微信红包的官方公众号，决定发放红包金额和个数，就可以编辑新年贺词，通过"微信支付"发送红包；用户收到的红包也会存进微信钱包，可以在之后的交易中使用。这种新颖的拜年并发送红包方式受到一大批微信用户的追捧。根据腾讯公开的调查数据，2014 年春节从除夕到初八，有超过 800 万用户参与了微信抢红包的活动，超过 4000 万个红包被领取[①]。因为腾讯要求，红包提现必须实名验证或绑定银行卡，在微信红包推出后，大量用户为微信支付绑定了银行卡，极大地提高了微信支付的资金流量，从而有助于腾讯金融开展后续互联网金融业务。

（2）腾讯金融的数据挖掘策略。深圳前海微众银行于 2014 年诞生，它是腾讯拓展互联网金融业务的重要尝试。该银行主要服务于个人用户和小微型企业。通过分析微众银行的首款贷款产品——"微粒贷"，可以发现，该产品综合分析贷款申请者的传统数据以及社交数据，从基本社会特征、行为特征、交易网、人民银行征信以及社交圈五个方面，对贷款申请人的信用进行评级，从而决定是否发放贷款以及发放的具体额度。由于我国个人以及小微企业的征信体系并不完善，腾讯通过其旗下平台，挖掘客户的社交数据，弥补了现有征信

---

① 人民网，http://it.people.com.cn/n/2014/0210/c1009 - 24308960.html。

体系的不足，能够提高微众银行的管理以及风险控制能力，是腾讯实施数据挖掘策略的典型案例。

（3）腾讯金融的产品创新策略。在我国的即时通信行业中，微信占据领头地位，财付通平台仅次于支付宝，占据我国的第三方互联网支付市场中较大市场份额。微信支付作为这两大平台联合推出的移动支付产品，通过手机绑定银行卡的方式为广大用户及商户提供方便快捷的支付服务。微信支付于 2015 年荣获"十佳支付创新奖"，是腾讯实施产品创新策略的典型案例。

随着移动网络技术日渐成熟，我国互联网金融行业开始争夺移动端的市场，各企业将竞争的焦点与核心集中到移动端。移动支付作为一种方便快捷的支付模式，逐渐取代传统的刷卡支付和现金支付。以阿里巴巴旗下的支付宝钱包这一移动支付产品为例，从本质上来说，该产品只是支付宝 PC 版的延伸。不同于支付宝，微信支付创新性地将移动支付服务嵌入即时通信平台，进一步锁定了线下支付场景，真正实现了支付与社交的深度融合。微信作为国内领先的即时通讯平台，截至 2020 年第一季度，微信及 WeChat 的合并月活跃账户数达 12.025 亿。[①] 这一大规模的用户数量帮助微信支付获得了用户规模优势，从而迅速地突破其临界规模。

本章小结

互联网金融与其他依托网络技术迅猛发展的电商平台一样，也必须尽早突破临界规模，从而保证平台持续稳定增长。本章以互联网金融平台为研究对象，分析了影响互联网金融平台突破临界规模的因素，设计了互联网金融平台临界规模的突破策略，研究发现：

第一，在定价上，互联网金融平台不仅要考虑到价格结构以及总价格水平，还要确定其具体的定价模式。不同发展阶段，平台会采取不同的定价策略。一般而言，处于启动初期的平台发展目标是尽早突破其临界规模。因此，许多平台会先为一侧用户提供免费服务，或者给与用户补贴，吸引其加入平台，从而提高另一侧潜在用户的积极性，促进其进入平台。

---

① 2019－2020 微信就业影响力报告 [EB/OL]. http：//www.caict.ac.cn/kxyj/qwfb/ztbg/202005/P020200514604388340272.pdf.

第二，在销售上，网络媒体特别是社会化媒体的崛起是目前传媒行业发展的主要趋势。与传统媒体相比，社会化媒体具有显著的优势。互联网金融平台应当在重视传统媒体营销的基础上，提高平台在网络媒体尤其是社会化媒体上的营销投入，从而发挥社会化媒体营销的积极作用，帮助自身实现对临界规模的突破。

第三，在用户招募上，在互联网金融平台的发展初期，平台可以实施大买家策略这一临界规模突破策略。单个大买家策略只要求在平台一侧有一个极具价值的用户，而双大买家策略要求在平台两侧都存在一个富有价值的用户。

第四，在数据挖掘上，从本质上说，互联网金融向用户提供的主要是数据服务。互联网金融平台应当大力积累，并发展大数据研究能力，从而提高平台的大数据处理能力，并不断丰富大数据的应用形式，突破平台的临界规模，形成平台的竞争优势。

第五，在产品创新上，目前我国互联网金融平台产品与服务同质化程度较高。互联网金融平台需重视支付类金融产品创新、理财类金融产品创新，以及融资类金融产品创新，才能助其突破临界规模。

由于互联网金融平台的数据可获得性低，本部分没有进行实证研究检验互联网金融平台临界规模突破策略。后续研究可运用实证检验的方法，进一步研究互联网金融平台突破临界规模问题。

第7章

基于金融科技的产业互联网生态圈
模式构建与运营

在工业时代向信息时代过渡的大背景下，产业生态系统开放、共享的特性可以打破行业界限，提供跨界服务，不仅可以服务于平台企业，更将服务垂直下沉至平台上的各级客户，生态系统的存在也有助于发挥"协同效应"，多个企业开放平台进行合作，形成互为渠道、共同拓客的共赢关系更进一步地支持实体企业走出去。企业之间的竞争也从传统单个的企业竞争转变为由许多企业构成的产业生态系统的竞争。

2016年，《"十三五"国家科技创新规划》指出，要不断完善科技与金融结合的机制，形成各类金融工具协同融合的金融科技生态。在信息化时代的科技浪潮下，在科技与金融深度融合创新的阶段，"金融科技"扮演着愈发重要的角色，金融科技在提高金融效率、创新金融产品、推动普惠金融、更好地服务实体经济等方面都发挥着至关重要的作用。此外，将金融科技引入产业生态系统可以通过大数据技术控制融资风险，通过场景金融为人们的生活提供便捷，从而实现高效地支撑和推动整个产业生态系统的构建与运营的目的。

在企业上下游涉及的业务不断变多，市场竞争从单个企业竞争转变为产业生态系统竞争的背景下，构筑产业生态系统，打破原有单一企业的发展边界，与相关业务的科技型中小企业或是其他研究机构进行协同创新显得意义重大。"共生"这一企业关系形态在不断强调战略协同、合作进步的当下成为主流形态；在科技浪潮裹挟的新时代下，结合新兴的金融科技，去探讨金融科技在以"共生"形态为主导的产业生态系统中对科技型中小企业跨界成长的支持和促进作用有深远意义。

7.1　研究现状

7.1.1　产业生态系统

企业的发展是由企业家发现、评估、创造新产品和服务机会的过程（Shane & Venkatamaran，2000），个体不断驱动这个过程，周围的环境也是一个重要的影响因素（Qian & Acs，2013）。企业发展壮大的过程与周围的环境及相关企业密不可分，这种状态与生物学中"生态系统"概念不谋而合。它起源于生物学中对"自然生态系统"的界定，"生态系统"在生物学中被认为是多种生物、生物群落和环境等在一定的时空内通过相互之间的能量流动与物质循环形成的一个有机整体，并且在未来一段时间内能保持相对稳定的动态平衡（张广霞，2013）。

基于最早的生物学相关理论，汉南和弗里曼（Hannan & Freeman，1977）将生态系统的概念与组织研究相结合，提出了有关组织及种群生态学的概念，建议整合企业、企业所处的种群与外部环境这三块进行综合研究。在经济管理领域，"生态系统"这一概念最早在美国学者企业网络中出现，同时也标志着经管学界对这一概念研究的开始。随着学者对生态系统相关概念、产业生态系统的研究不断深入，有关的理论也逐渐成熟。在汉南和弗里曼研究的基础上，奥德里奇和马丁内斯（Aldrich & Martinez，2010）认为企业的发展过程是由种群、种群以及外部环境之间相互影响、共同作用产生的。他们的研究开启了学界对"生态"与"企业发展"两者结合作用的研究，使得接下来的研究通过类比自然生态系统的功能结构以及生物新陈代谢的过程、物质与能量流动的规律对产业生态系统的概念进行研究界定。

陆玲（1996）通过与自然生态系统类比后认为产业生态系统是由企业与环境两部分构成的整体，产业生态学需要进一步研究企业与周围环境之间的关系。从这个定义层面来看，企业生态系统就是商业生态系统。产业生态系统可以给企业所有者提供有价值、有资源的环境，产业生态系统同生物生态系统一样，也是一个具有多主体复杂交互的动态网络。韩福荣（2002）类比生物界中的物种划分，认为一个产业生态系统包括企业、消费者、供应商与投资者、中介、个人与群体的"生物成分"以及代表"非生物成分"的政治经济环境、科技发展水平、劳动力水平。接着，进一步通过将生态学的概念与经济和社会环境相结合。梁嘉骅等（2002）从企业生态视角出发，对整个企业生态系统的协同演化进行分析。杨忠直（2003）指出，可以用"系统论"中的相关方法去构造以企业为核心的生态系统，并对系统中企业的交换规律与稳定性进行分析。袁增伟等（2004）以产业、环境和社会效益三位一体的效益最大化为目标，对传统产业进行生态化模式的转型进行了研究。产业生态系统的相关理论及概念在学术界和产业界不断得到推广。

但是，最初为了研究"商业生态系统"，经济管理领域引入"生态系统"这一概念，随着学者们对理论研究的不断深入、研究对象的不断细分以及近年来金融科技不断推动产业改革发展，"产业生态系统"一词逐渐进入大众的视野成为一个热门词汇。就"商业生态系统"与"产业生态系统"的关系而言，产业生态系统是由产业生态学家通过类比生物生态系统中生物的新陈代谢过程和系统本身的功能与结构，根据产业活动和对周围系统的影响提出的。商业生态系统包括企业自身、顾客、市场媒介、供应商，企业的所有者和控制者，以及其他情况下的相关主体。因此，我们可以发现商业生态系统更多强调特定主体的构成和整个生态系统的商业特质，而产业生态系统更多侧重于生态系统的实用功能以及相互之间的作用关系。库霍宁（Korhonen，2001）认为产业生态系统是基于知识经济和生态经济学相关内容形成的具有一定承载力、高效经济过程与平稳生态功能的系统。产业生态系统通过连接多个企业，以最有效的方式对资源进行利用，从而提高经济效率、加强信息流动性、降低交易成本、获得规模经济。

通过将生物界生物生态系统与产业界产业生态系统进行类比，有助于我们对相关企业成员的作用、彼此之间的相互关系以及外部环境之间的作用机制形成一个整体认知。

7.1.2 共生

共生是物种之间的一种关系，是生物系统中除了捕食、竞争之外存在的第三种生物关系。德国生物学家德贝首先对共生关系进行了描述。他认为，共生关系是不同种属的生物为了继续生存，通过某种物质进行联系从而生活在一起的行为。生物学家道格拉斯（Doglas，1994）分析认为这种物质联系必须是亲密的。美国微生物学家葛莉丝研究发现自然界厌恶生物的独占行为，佐证了共生关系是生物发展进化的重要机制，在此基础上，赵曙明（1994）认为生物界的共生关系可被划分为互惠共生和偏利共生。其中，互惠共生是物种利用彼此之间的物质信息进行交流，彼此之间相互依赖；偏利共生的共生关系对其中一方有利，而对另一方没有好处。

随着"生态系统"相关概念的发展，共生关系作为不同物种之间一种特殊的联系方式引起了经济学、管理学领域学者们的关注。一些学者开始研究不同经济主体之间的共生关系。最早对企业共生和生物共生进行类比研究的学者是布恩斯和巴斯（Boons & Baas，1997），他们认为基于事物链规律性的再生产以及物种对环境的不断适应是自然生态系统产生的基础。对组织的共生关系而言，囊括了竞争与合作关系的比较优势是推动其不断发展的动力。组织表现出来的共生关系会随着外部环境的改变而不断变化，有时为了更好地达到组织整体的利益最大化，会去改变组织内部的共生关系进而导致共生关系变化。商业企业之间的共生关系最早由摩尔（Moore，1996）提出。他认为企业之间的共生关系能够促进企业发展。韦斯特和伍德（West & Wood，2008）认为共生关系的形成基础是企业基于技术和服务形成的企业价值网络。皮尔斯（Pierce，2009）进一步研究发现，由共生关系形成的价值链中包含了供应商、客户以及提供互补产品和技术的公司。后期的学者对这种现象的存在机制进行了研究分析，发现共生关系使得参与企业之间的关系变得更为密切，总体呈现出一种"一荣俱荣、一损俱损"的特点和共同发展、共享命运的趋势。

企业之间的共生关系被提出后，学者开始研究不同结构的共生关系。袁纯清（1998）认为企业间共生关系由共生单元、共生模式和共生环境组成。在时间或空间上对共生单元进行连接的称为共生媒介，共生关系通过共生媒介进行组织和利益分配（杨青和彭金鑫，2011）。后来，学者们基于利益分配原则将共生关系划分为：寄生、互利共生与偏利共生三种。在互利共生的状态下，参与共生关系的主体均可从共生关系中获得正效益；而在寄生的状态下，一方会为了满足自身利益而牺牲另一方的利益；在偏利共生中，共生对一方有利，对另一方无其他影响。奥德里奇和马丁内斯（Aldrich & Martinez，2010）对企业之间的异质性和同质性展开研究，他们认为存在异质性的企业之间更易产生基于合作导致的互利共生关系，而对于存在同质性的企业而言更易产生合作与竞争并存的偏利共生方式。但不管是互利共生还是偏利共生，能够连接多个不同种群的共生关系都可以在促进整体协同演化的同时提高生态系统的稳定性。

蔡莉等（2016）认为一段共生关系的形成，专业性、互补性与逻辑共同性是基础条件。其中，互补性是互补企业内形成相互依存关系的基础，参与共生关系的主体之间要有共同目标和对彼此的信任。基于此，一段共生关系在有天时、地利、人和的情况下才会形成。根据袁纯清（1998）的研究发现，一段共生关系的形成必须存在一个充分条件和一个必要条件。就充分条件而言，共生关系会使参与这段关系的企业涌现出新的能量，具体可以体现在企业效益或规模等层面；必要条件，指的是参与共生的各个企业之间必须要存在一定的关联性。具体而言，产业生态系统间的共生是一种动态过程。李梅英（2006）研究发现在商业生态系统中，共生的形成主要分为：识别共生关系——适应和整合共生关系——培育共生关系——共生关系发挥作用四个阶段。苗泽华（2012）认为共生是一个循环往复的过程，表现为共生关系成立之后会与外部的环境相互作用，共生关系对共生实体的进一步共生产生影响从而形成了一个循环。

随着对共生研究的不断深入，企业之间共生关系的形态得到了更为详细的划分，不同共生形态下企业之间的相互作用、企业自身表现出来的特点也有了更加深入的界定。总体而言，对于产业之间的共生概念界定主要分为广义与狭义两种。广义的产业共生指的是多种类型的产业之间产生经济联系，共存在一个生态系统或者组织中，并且产业之间会不断交互，逐渐融合；狭义的产业共生指的是相似的产业间发生的业务互动与交换。本章使用更为广义的概念。

7.1.3 金融科技

科技进步与金融服务的相互作用和协同发展能够提升国家的技术创新能力，对国家经济发展水平的提高也起着日益重要的作用。金融科技（FinTech）由 finance 和 technology 合成，当前对金融科技内涵的解释大多采用赵昌文等（2009）的解释。金融科技是由一些金融工具、制度和服务组成的，并且能够推动组织和国家技术进步，提高研究效率和成果转化率，促进高新技术产业发展，由提供金融服务的政企和中介机构等市场主体在科技创新活动和科技创新融资中的行为活动共同形成。

陈迅等（2009）认为就科技对金融发展的促进作用而言，信息通信技术不仅能够激励金融创新，而且能提高金融系统的运作效率。柏玲（2013）研究发现，金融科技的发展有利于企业扩大规模，提升生产经营效率，促进其结构转型升级。通过类比自然界的生物生态系统，刘朝明等（2008）首先总结了具备金融科技特性的产业生态系统具备的特征：开放性、持续性、根植性和循环性，金融科技平台通过信用流动和货币循环可以形成一个能进行自我调节的运行机制，通过与交易主体和内外环境进行协调，将科技进步融入金融服务中，从而推动实体经济发展。在具有金融科技特性的产业生态系统中，科技创新与金融服务协同发展，一方面平台能充分发挥其自身的功能，另一方面生态系统的整体结构会得到持续优化。

尽管现有研究基于生物学生态系统对产业生态系统的特点及构建方式进行了一定的研究，但是目前尚未有很多研究关注金融科技对产业互联网生态圈所起到的支持与促进作用。随着金融科技的不断发展，企业之间发现—识别—建立企业关系的成本有所降低，互联网快速发展打破了传统产业之间的壁垒，产业开始由单一产业向生态集群发展。产业生态系统中所有的企业关系描述过于复杂，但在所有的生态系统关系中，共生扮演着十分重要的角色，尤其是在产业跨界—破界的过程中，共生的过程囊括了对不同类别资源进行识别，进而整合不同产业进入产业生态系统并促进产业生态系统的构建与运营。因此，本章着眼于共生关系去构建产业生态系统，为金融科技与产业生态系统的协同发展的相关讨论提供新的解释。

7.2　产业生态系统模型的理论构建

7.2.1　产业生态系统关系分析

从驱动产业生态系统不断发展的动因来看，金融科技是时代进步潮流中新出现的驱动因素，一定程度上助力产业生态系统中各类主体共生关系的形成与发展。共生是一个不断变化的过程，产业生态系统中各类主体在共生关系中表现出来的变动情况，体现了产业生态系统的发展历程和产业生态圈中共生网络的变动情况。因此，本章主要从理论层次着手对基于金融科技的产业生态圈中各类主体的共生特征进行分析，进一步搭建主要以共生形态表现的基于金融科技的产业互联网生态圈构建与运营研究框架。

生态学的研究认为，一个较为完整的生态系统由生物部分和非生物部分共同组成。如果生态系统中失去了非生物部分，那么其中的生物就失去了它们生存的空间，同时也失去了能让其成长的能量和物质，难以存活。因此，在生态系统中，非生物部分更多是扮演着"生命支持系统"的角色。在以金融科技为主要驱动的产业生态圈中也是如此。生态圈中的企业主体及其所依赖的生存环境，如政策变动、科技进步等组成了产业生态圈的基本构成要素。在金融科技为驱动的产业生态圈中，主要表现形式为共生形态。原有的企业发展壁垒被打破，协同效应下产业生态圈的价值在企业主体之间互相传递，金融科技的驱动让信息的准确度和在产业生态圈中的传播效率得到极大提升。

在传统经济形态中，企业成员之间通常是为争夺资源和市场进行破坏性的竞争，关系表现为负相互作用，某个企业的发展一般建立在伤害其他企业利益的基础上。在新经济时代，尤其是互联网浪潮和金融科技不断发展的当下，企业成员之间开始摒弃原来的生存形态，转而采用一种"相互促进、相互依存"的共生关系形态。但这种情况下企业成员之间的共生并不是完全排除竞争因素，这里的竞争因素往往指的是通过企业内部功能与结构的创新，以及金融科技大力发展，减少风险，提升整体运行绩效从而达到促进企业成员竞争能力的不断提升。

在产业生态系统中，企业成员之间的互动关系和生物种群之间的共生关系十分相似。生物根据不同类别和不同地理条件划分为不同的生物群落并在食物链的作用下协同进化。类似地，产业生态系统的企业成员在市场力量与外部因素的作用下形成不同的群落，并且企业成员在共同的价值链作用下合作共生，共同进化共同繁荣。产业生态系统一般表现为大量相互关联的企业，依靠企业成员之间相对稳定的分工与协作，可以形成规模效应，从而在某个行业中形成竞争优势。但从本质上来说就是一个"共生关系"。在竞争环境下的结构性变化中，凭借共生作用，各企业成员相互影响，与外界环境不断进行交互，从而不断进化，在优势互补的过程中形成一个拥有共同利益目标的共同体。在产业生态系统的形成过程中，虽然为了得到企业各自的竞争优势是重要驱动力，但其根本还是在于借助产业生态系统的其他企业的发展去改变自身的生存环境，并在此基础上形成由多个企业组成的协同演化的整体。

就产业生态圈的构成因素而言，基于上文介绍，主要分为起到"生命支撑系统"作用的非生物部分和生物部分。

（1）非生物部分。产业生态系统是一个开放的环境系统，必不可少地会受到来自政府政策、基础建设、科技进步带来的市场变革等多方面的非生物部分的外部社会环境因素的影响。这部分是产业生态系统发展的基础条件，一定程度上为生态系统的发展提供了基础支持，且在一定程度上会对生态圈内部的企业主体的选择行为及发展战略产生影响。而非生物部分中外部环境的变化还会对产业生态圈整体的资源效率等产生影响，从而进一步对产业生态圈的构建与运营产生影响。

（2）生物部分。在以共生形态为主导的产业生态圈构筑过程中，由提供多种服务的企业主体相互配合，协同演进的"平台"形式必然会出现。平台将多个实体联合相互作用。

在产业生态圈中，共生关系是企业主体之间一种重要的关系。共生关系建立在产业生态圈企业主体的研发、生产和市场化等阶段，以及企业主体之间互相整合、互相适应。共生关系主导的产业生态圈有别于传统的"短平快"一味只追求经济效益最大化的传统体系，其更多着眼于整个生态系统的合作共赢。

共生作为产业生态系统价值共创与分配的方式，能够让参与共生关系的主体之间实现资源互补与价值共创，基于共生关系，无论是什么因素驱动的产业生态系统，主体之间都可进行有效的价值分配，从而在关系稳定的基础上进一步促进产业生态系统的发展。

对于共生关系的驱动因素，主要分为两个方面，即企业需求和外部环境。对企业需求而言，共生关系可以为产业生态圈中的企业主体进行资源的补充与分享，有助于企业拓展业务做大做强，出于对企业长远发展需求的考虑，会选择共生作为企业得到资源的一种主要方式。对外部环境而言，考虑到科技不断进步、金融科技不断驱动企业破界升级的宏观背景，产业生态圈的形成为其中的企业主体的沟通交流提供了更方便的媒介，有助于企业主体之间分享资源。产业生态系统的共生关系如图 7-1 所示。

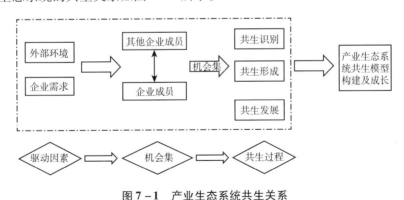

图 7-1 产业生态系统共生关系

7.2.2 生态系统企业关系分析

企业是产业生态系统这一复杂关系网络重要节点，对企业之间的关系进行分析，研究其中的特性有助于对产业生态系统形成一个整体的认识和把控。企业之间的联系随着金融科技的发展变得愈发紧密和复杂，越来越多的企业意识到传统的依靠"单打独斗"获得市场份额的方法已逐渐失去效果。企业在发展的过程中需要不断与其他相关的企业保持密切联系，进行资源的交换与共享。与生物生态圈相似，各个企业扮演着不同的角色，但是彼此之间又密切联系相互交流，互利共生，构成一个产业生态圈。在产业生态圈中，不同企业之间的密切合作也给企业自身带来巨大的效率提升，在金融科技发展的大背景下，这种共生的合作模式逐步成为主流的趋势。

"企业间的关系"指的是多个企业之间基于各自的意识而建立的具有持久性的合作关系。金融科技不断发展，信息技术不断进步，企业原本赖以生存发展的外部环境发生了改变，企业之间的关系也随之改变。就企业间的关系而言，企业扮演的角色从传统的单向买卖逐渐转变为集多种业务角色于一身的状态，企业之间的关系多元化、复杂化、密切化的改变会对企业的战略选择及战略的效果产生影响。

类比生态学对生物之间关系的描述来刻画企业之间的关系。在自然生态系统中，生物仅凭自身的能力很难实现自身的生存与发展，需要与其他物种联手共同抵御多变的环境，大量的松散却有联系的生物参与到这个过程中。其中，每一个参与者在其自身发展演化的过程中都必不可少地需要依赖其他参与者。相似地，金融科技驱动下的企业生存与发展需要外界金融科技因素的推动，与上下游供应商之间密切联系，与互补企业进行优势互补，与同类型企业进行竞争并不断推动企业自身向前发展。同时，当多个企业在有部分相同的领域生存时，一个企业会为了争夺稀缺资源与其他企业展开恶性竞争，最终的结果是一方获利，另一方受损，这是企业之间的竞争关系。但如果双方企业联合起来，通过合作打开彼此原先没有涉猎的市场份额，不论双方获利是否相等，双方获利都有所增加，但是只要有其中一方退出便会使得企业的获利水平有所降低，这表现为企业之间的共生关系。相比企业间的其他关系，共生关系更强调企业之间相互依存的特点，尤其是在金融科技不断发展的当下，信息流通速率不断提升，企业之间的资源共享也更为便捷。数据共享下企业的风控系统不断完善，各企业通过与其他企业发展共生关系，实现优势互补协同进化去构建共生关系形态下的产业生态系统显得意义十分重大。

在共生关系的产业生态系统中，除了相关政策利好、技术进步带来的金融科技水平不断发展的外界环境因素外，可以通过分析相关企业业务特性，找到业务上的共同点，研究企业公开发表的相关资料，对共生形态下企业的关系有个定性的认知，再结合企业相关数据对企业之间的关系进行定量分析。一个产业生态系统的形成离不开一个"先驱者"，它的存在打开整个产业生态系统的开端。在系统形成初期，它是流量的主要入口，并会形成自身的竞争优势，但是业务发展比较单一，后期发展的"瓶颈"也随之而来。接着，利用金融科技发展带来信息交流的便捷性与高效性，与多个相关企业进行合作，实现优势互补，拓展自己的业务范围，完善自身的业务水平，为客户带来更优质的用户体验，并且基于资源共享和不同企业之间的关系实现整个产业生态系统中的用户转化。

7.2.3　企业间关系的多视角分析

借助图形中的点和线，对企业之间错综复杂的关系给出直观的展示（见图7-2）。从图形的角度出发，企业可以简化为图中的一个点，企业之间的关系可以用连线表示，一个结点既可以连结一个结点也可以连结多个结点，亦或是多个结点与多个结点相连结。

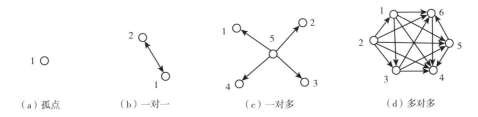

（a）孤点　　　　（b）一对一　　　　（c）一对多　　　　（d）多对多

图7-2　企业间关系示意

正如上面分析，受到企业自身规模、业务范围等限制，企业之间的关系并非完全对称，也会有强弱之分。从企业规模来看，相似的企业规模对应的是对称关系，而不对称的关系可以看作是一个核心的大企业与多个共生合作的小企业所形成的。其中核心的大企业由于先入优势带来资源、经验的积累会对整个产业生态系统的资源拥有较高的控制度，凭借自身优势也起到了连结其他各个企业的桥梁作用。从企业之间关系的互动层面而言，如果企业双方都和对方建立了联系，那么就是对称关系，如图7-2中的（b）"一对一关系"。

共生作为产业生态系统价值共创与分配的方式，能够让参与共生关系的主体之间实现资源互补与价值共创。比如某一企业作为整个产业生态系统的获客入口，便捷地为其他成员提供了用户转化的途径，金融科技又通过自身的大数据建模、风控模型等为其他企业成员保驾护航，诸如此类。因此基于共生关系，无论是什么因素驱动的产业生态系统，主体之间都可进行有效的价值分配，从而在关系稳定的基础上进一步促进产业生态系统的发展。对于企业需求而言，共生关系可以为产业生态圈中的企业主体进行资源的补充与分享，有助于企业拓展业务做大做强，出于对企业长远发展需求的考虑，会选择共生作为企业得到资源的一种主要方式。

信息技术的进步以及金融科技的广泛运用不仅改变了企业传统的协作方式，而且提升了整个产业生态系统的稳定性、有效性等，小企业获得技术进步带来的红利，享受到了过去只有大企业才有的机会，促进了小企业不断向前发展。随着外部环境的不断改变，各企业立足于自身长久稳定的发展，在金融科技的推动下积极寻找可以进行协同合作的共生企业，在建立共生关系时进行资源共享与优势互补，从而最终达到协作共赢的状态。

7.3 基于金融科技的产业生态系统的模型构建——蚂蚁金服

在建立了基于金融科技以共生关系为主要形态的产业生态系统研究理论框架后，本部分内容试图从实际出发，选取合适的案例作为研究对象，建立相应的模型并模拟分析结果，从而更深入地理解生态圈构建与运营过程。建模仿真的思路流程图如图 7 - 3 所示。

图 7 - 3　建模仿真思路流程

7.3.1 研究对象选取

2014 年，阿里巴巴对旗下的金融服务进行整合，成立了"蚂蚁金融服务集团"（以下简称"蚂蚁金服"）。截至目前，蚂蚁金服整体的业务布局可分为五类：支付、信贷、理财、大数据与征信。自 2015 年开启技术开放之路，秉持

"成熟一个开放一个"的原则，目前已实现业务、能力和技术的百分之百开放。核心业务场景支付、理财、信贷、保险、信用的平台化均已完成。通过不断打磨核心技术的产品化输出能力，预计"业务＋技术"双轴开放将进一步稳固蚂蚁金服生态的竞争壁垒。

与苏宁金融和京东金融相比，蚂蚁金服起步时间最早，目前整个产业生态系统的功能与相关业务企业成员的发展最为完善。在充裕的资金支持下，金融科技水平相对较高。目前正在从依赖金融科技提升业务服务水平和整个产业生态系统的运行效率中转变为依靠前沿的金融科技水平，将金融科技作为整个产业生态系统业务功能的一部分去获利，在为自身带来盈利的同时也将不断进步的前沿的金融科技水平与其他企业共享，实现了互惠共赢。苏宁金融依托苏宁的零售门店，开始做理财相关业务；京东金融依托京东，目前最大的业务是京东白条。苏宁金融与京东金融目前均没有形成较为完整的产业生态系统，相比而言，蚂蚁金服的业务发展较为全面，优势明显。

面对金融科技的发展浪潮，蚂蚁金服成立了芝麻信用——基于金融科技的第三方信用机构，试图通过云计算、机器学习等技术客观呈现个人信用状况，分析传统信用机构无法覆盖的群体的信用。它主要利用金融科技对群体的网络行为数据进行跟踪，然后通过大数据技术和数据分析模型进行信用评级评估，以建立信用体系和信用文化，有别于传统的银行系统去补充目前的信用体系。将互联网技术应用到征信系统建设中，可以有效弥补目前征信系统存在的缺陷，在节约人力成本、时间成本、提高工作效率等方面发挥作用。蚂蚁金服旗下的电商银行、支付宝、蚂蚁花呗、芝麻信用等各类商业板块承载着众多小微企业的梦想。现在的蚂蚁金服试图建立一个多边合作共赢机制，聚集参与网络金融活动的个人和组织，孵育出一个互联网界合作与竞争平台，并在核心产品和衍生品业务的驱动下，去有机地协调和组织产业生态系统。

在选取本章研究对象时，遵循典型性、代表性和真实性的原则，考虑到蚂蚁金服起源于2004年成立的支付宝，以"为世界带来微小而美好的改变"为愿景，其重点是创造一个充满活力的动态的产业生态系统，进而为小微企业和个人消费者提供以前很难覆盖到的金融服务。总体而言，蚂蚁金服以支付业务为核心，以金融科技作为进步的主要推动力，蚂蚁金服产业生态系统内的各个业务板块互利共生并行不悖，五大板块相互独立却又互相扶持，构成了具有代表性的产业生态圈的范例。目前蚂蚁金服无论是技术水平还是产业生态圈的发展规模，都在行业内遥遥领先。因此，选取蚂蚁金服作为研究对象，能让我们在了解产业生态圈构建与运营的基础上，对于其他受金融科技驱动想要做大做强的企业也有一定借鉴和指导意义。

7.3.2 研究对象分析

本章考虑到蚂蚁金服产业生态系统涉及业务繁多，为了建立模型的方便与直观，在阅读了大量有关蚂蚁金服产业生态系统的文献后，将蚂蚁金服产业生态系统内部的企业成员划分为四大主体，分别是网商银行、蚂蚁花呗、蚂蚁借呗（与蚂蚁花呗组成借贷业务）以及理财平台蚂蚁财富，考虑到金融科技水平是芝麻信用的核心支持，并且金融科技在整个产业生态系统中均有涉及，因此将与金融科技有关的所有因素都归纳为"金融科技水平"。接下来，本章对蚂蚁金服产业生态系统内主要企业成员之间的共生关系与运行机制进行分析，蚂蚁金服运行机制如图7-4所示，网商银行运行机制如图7-5所示，以金融科技为核心支撑的蚂蚁信用运行机制如图7-6所示。

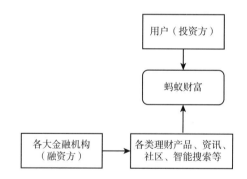

图7-4　蚂蚁财富运行机制

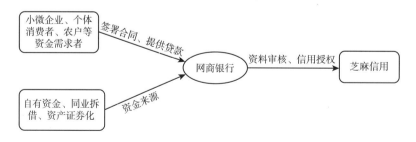

图7-5　网商银行运行机制

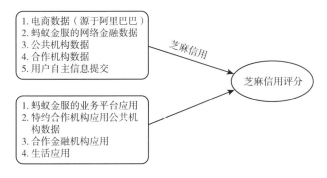

图 7 - 6 蚂蚁信用运行机制

根据图 7 - 7 对蚂蚁金服整个产业生态系统的概括描述来看，商家、企业、金融机构等借助平台为媒介向用户发布相应的产品，用户申请后，平台进行相应的内部审计、评价等过程，最后双方达成交易。重要的是，这些业务平台不是完全独立的，蚂蚁金融服务实现用相同的账户进行连接的模式（比如，一个账户可以登录到所有业务平台），每个平台都存在数据之间的联系，其核心是创建一组共享客户资源的信息网络平台。这样的举措有助于企业之间实现交叉的用户流量与增量的交叉积累，在规模优势中降低用户平均维护成本、相关信息的搜集成本。蚂蚁金服采用的是"同账户"模式，各个业务平台相互连接，扮演着整个产业生态系统中"关键种"的角色，不仅为融资、理财的企业提供了支付结算的渠道，还支持蚂蚁金融云生成的数据；而芝麻信用则对沉淀的信息和数据进行总结、分析并进行信用评价，芝麻信用将以信用分的形式将数据返回给支付、融资、理财等板块。

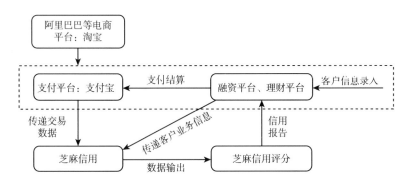

图 7 - 7 蚂蚁金服整体运行机制

本部分在阐述产业生态系统企业间共生关系的基础上，根据蚂蚁金服产业生态系统过去几年的数据，结合文献分析与非线性回归分析建立产业生态系统中企业间共生关系的模型，并进一步对蚂蚁金服产业生态系统未来的走势进行了仿真预测。

7.3.3 蚂蚁金服产业生态系统的动态模型

本章对蚂蚁金服产业生态系统中的共生关系建立模型进行分析研究。在建模过程中基于对产业生态系统的分析，采用非线性回归分析确定变量之间的数量关系，并建立预测模型。因为蚂蚁金服产业生态系统是一个由多种要素组合而成的复杂系统，有很多影响因素，并且大部分因素之间并没有直接明确的线性关系，无法使用预测模型中常用的以神经网络模型为代表的静态类预测方法。因此，本章使用非线性回归分析对蚂蚁金服产业生态系统整体结构进行动态分析、数学模型设计和仿真分析，从而实现对金融科技作用下的蚂蚁金服产业生态系统的变化情况进行分析预测。

整个过程包含以下 5 个步骤：

第一步，以金融科技驱动下的蚂蚁金服产业生态系统状况为研究内容，通过文献分析对产业生态系统内部的影响因素进行分析。

第二步，在确定主要的影响因素与变量的基础上，结合蚂蚁金服产业生态系统的实际组成模块以及交互过程确定各个影响因素之间的因果关系，建立蚂蚁金服产业生态系统因果关系图。

第三步，进一步明确选定变量与影响因素后的蚂蚁金服产业生态系统中的状态变量、辅助变量和常量，通过已有的文献以及非线性回归来确定变量之间的关系，从而构建预测模型。

第四步，对预测模型进行科学性检验，在一定程度上保证模型的合理性。

第五步，基于模型的合理性检验基础上，通过当前形势下，外部政策环境和内部公司发展政策变动引起的金融科技水平对蚂蚁金服产业生态系统的盈利状况变化情况进行探索。

在蚂蚁金服产业生态系统的共生关系中，成员主要有：个人用户、企业用户、支付宝、网商银行、蚂蚁财富、以金融科技为主要支持的芝麻信用。由于芝麻信用主要由"金融科技"因素来驱动，因此将芝麻信用部分一并纳入具有代表性的金融科技因素内。在此基础上，本章着眼于研究金融科技驱动因素对产业生态圈的作用，因此，对产业生态圈中企业行为选择产生影响的外部环境因素，如政策变化、市场变化等归结为"金融科技"因素的驱动，研究在金融科技的影响下，产业生态整体的发展情况。

在蚂蚁金服产业生态系统中，"支付宝"扮演着骨干型企业的角色。支付宝作为整个产业生态系统最早的以及最重要的获客渠道，保证了整个产业生态系统一定数量的用户数，并且一个支付宝账号作为整个产业生态系统的"通行账号"，使得原本较为分散的企业成员之间的联结化繁为简，而且利用最新的金融科技发展带来的技术进步促进整个产业生态系统资源整合、信息传递等效率的提升，基于大数据的用户行为特征研究也改善了传统的风控手段中信息不对称与滞后性带来的误差问题。

本章通过分析整个产业生态系统内部企业成员之间的反馈机制来研究整个产业生态系统的行为模式及特征，进一步对产业生态系统内的企业成员之间相互作用以及影响因素之间的关系进行整体分析，从而确定产业生态系统内部的因果关系。但是，因果关系回路图不能表达出因素之间的量化关系以及变量之间的具体差异。因此，本章进一步加入状态变量、辅助变量和常量以建立产业生态系统动态流图，其中包括 4 个状态变量、12 个辅助变量、3 个常量；基于变量的实际意义以及产业生态系统的实际运作规则使用非线性回归分析来确定变量之间的数量关系。模型公式整合后如表 7 - 1 所示。

表 7 - 1　　　　　　　　　　模型公式

变量名称	方程表达式	变量方程说明
蚂蚁财富盈利	$L_1 = 712.92 \times \left(\dfrac{A_6}{100}\right) \times \text{INTEG}(R_1, L_{10})$	L_1：蚂蚁财富盈利总量
		A_6：蚂蚁财富新增用户数
		R_1：蚂蚁财富盈利增加量
		L_{10}：蚂蚁财富盈利总量的初始值
网商银行盈利	$L_2 = 4.27 \times \left(\dfrac{A_7}{100}\right) \times \text{INTEG}(R_3, L_{20})$	L_2：网商银行盈利
		A_7：网商银行新增用户数
		R_3：网商银行盈利增量
		L_{20}：网商银行盈利的初始值
借贷业务盈利	$L_3 = 16.75 \times \left(\dfrac{A_8}{100}\right) \times \text{INTEG}(R_4, L_{30})$	L_3：借贷业务盈利
		A_8：借贷业务新增用户数
		R_4：借贷业务盈利增量
		L_{30}：借贷业务盈利的初始值

变量名称	方程表达式	变量方程说明
支付宝实际新增用户数	$L_4 = R_5 - R_6$	L_4：支付宝实际新增用户数
		R_5：支付宝新增用户数
		R_6：支付宝淘汰用户数
风控水平	$A_3 = 0.5 \times e^{0.5 \times A_5}$	A_3：风控水平
		A_5：金融科技水平
用户满意度	$A_4 = 0.5 \times e^{0.6 \times A_5}$	A_4：用户满意度
		A_5：金融科技水平
网商银行服务水平	$A_2 = 0.5 \times e^{0.4 \times A_5}$	A_2：网商银行服务水平
		A_5：金融科技水平
蚂蚁财富服务水平	$A_1 = 0.5 \times e^{0.3 \times A_5}$	A_1：蚂蚁财富服务水平
		A_5：金融科技水平
金融科技水平	$A_5 = e^{C_2 \times \mathrm{DELAY}(C_1, 1, C_{10})}$	A_5：金融科技水平
		C_2：技术服务投入占比
		C_1：政策支持力度
		C_{10}：政策支持力度初始值
蚂蚁财富新增用户数	$A_6 = L_4 \times e^{0.5 \times A_1}$	A_6：蚂蚁财富用户数
		L_4：支付宝实际新增用户数
		A_1：蚂蚁财富服务水平
网商银行新增用户数	$A_7 = L_4 \times e^{0.5 \times A_2}$	A_7：网商银行新增用户数
		L_4：支付宝用户数
		A_2：网商银行服务水平
借贷业务新增用户数	$A_8 = L_4 \times e^{0.5 \times A_3}$	A_8：借贷业务用户数
		L_4：支付宝实际新增用户数
		A_3：风控水平
支付宝淘汰用户数	$R_6 = L_{40} \times C_3$	R_6：支付宝淘汰用户数
		L_{40}：支付宝用户初始数量
		C_3：需求淘汰系数
支付宝新增用户数	$R_5 = L_{40} \times A_4$	R_5：支付宝新增用户数
		L_{40}：支付宝用户初始数量
		A_4：用户满意度

通过导出 Vensim PLE 软件中的因果关系分析图，如图 7 – 8 所示，可以发现支付宝作为蚂蚁金服产业生态系统的主力军，在生态系统构建初期充当着主要的获客入口。

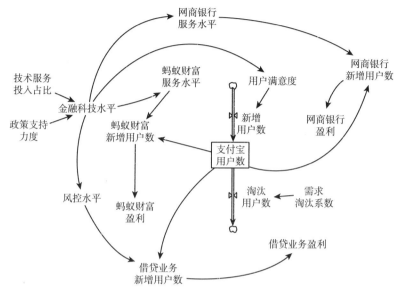

图 7 – 8　蚂蚁金服产业生态系统

蚂蚁金服作为一个具有复杂特性的系统，从整体的循环图可以发现其整体呈现出协同进化的特点。产业生态系统中的企业在互利共生关系下，通过企业间的互利共生、优势互补，在提高各个企业成员竞争能力的同时又产生互相学习的效应，使原来基于资源禀赋的比较优势发展成为基于金融科技的技术创新优势，可以有效提升整个产业生态系统的运行绩效。

7.3.4　运行结果

通过调整仿真步长来观察模型的表现结果，主要基于稳定性去考量模型在运行过程中是否会产生病态结果。在 Vensim PLE 软件中，将仿真步长 TIME STEP 分别设置为 1、0.5 和 0.25 进行仿真模拟，发现步长降到 0.25 时，其仿真结果与步长为 0.5 的仿真模拟结果差别很小，说明本模型可以选取 0.5 的仿真步长，在 0.5 的仿真步长下模型得出的结果较为稳定。

在检验了共生关系下蚂蚁金服产业生态系统模型的科学性后，以蚂蚁金服

2014 年第一季度至 2018 年第四季度的相关数据为基础，在 Vensim PLE 软件中，将仿真时间设置为 2019～2024 年，共 6 年，仿真步长为 0.5 年，然后进行产业生态系统绩效的预测仿真分析，探索产业生态系统中各个企业成员绩效的变化情况。

在因果反馈回路图中，参与整个蚂蚁金服产业生态系统的主要状态变量为：蚂蚁财富盈利、网商银行盈利与借贷业务盈利，进一步对这 3 个状态变量的仿真结果进行分析，如图 7 - 9 所示，本章从 2014 年为起始点（0 期），步长为 0.5 年进行仿真，对应的 2019 年为第 10 期，第 0～9 期为历史数据，第 10～21 期为基于历史数据的非线性回归和文献阅读的模型仿真结果。此外，由于网商银行 2015 年 6 月成立，所以网商银行的数据从 2017 年（即第 7 期）开始算；2017 年 6 月，蚂蚁财富从 2015 年成立的“蚂蚁聚宝”发展而来，因此，蚂蚁财富的数据从第 3 期开始计算。

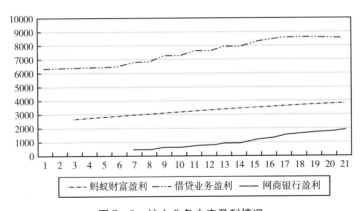

图 7 - 9　核心业务未来盈利情况

根据图 7 - 10 中结果显示，支付宝用户数在 2018 年对应的第 8 期和第 9 期中由于蚂蚁金服采取快速的用户扩张政策，用户增长数量出现了较为明显的提升。但是在后期模拟预测分析时，考虑到未来支付宝作为第三方支付巨头的霸主地位后，用户数量过了最快的增长时段开始趋于饱和，因此后期的用户增加速度会逐渐放缓。对于蚂蚁金服产业生态系统其他的三个企业成员而言，由于共生关系的存在，会借助支付宝的流量入口，凭借金融科技带来的优势，在自身吸引用户的同时也会将产业生态系统内部的用户进行转化，因此在预测结果中未来三块业务的用户数量增加会有明显的提升。

随着金融科技水平的不断提高，未来发展中，借贷业务盈利的增长量最可

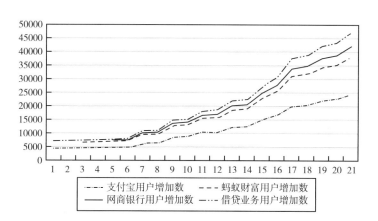

图 7 - 10　蚂蚁金服产业生态系统用户增长情况

观，其次是蚂蚁财富与网商银行。随着金融科技不断发展，在借贷业务中，蚂蚁花呗和蚂蚁借呗通过整合用户在蚂蚁金服产业生态系统中留下的生活足迹去刻画出"用户画像"，不断优化调整风控模型，改进风控质量，可以增强网络信息的安全度，及时准确地根据用户的行为和信用状况对用户的授信水平进行调整。在蚂蚁财富的发展中，金融科技的大力发展为金融产品的销售开拓了新的渠道，为商业模式的发展注入新鲜活力，金融科技的大力发展使得运营效率得到提高，比如智能投顾的引入，从而使得综合成本得到优化，盈利水平稳步增加。网商银行自成立以来，总体运行平稳，具备一定的技术优势和成本优势，虽然其盈利相比于其他两个企业成员较低，但是相比于传统的银行，网商银行借助金融科技的手段有效地降低了网商银行的不良贷款率，为小微经营者提供了差异化服务。网商银行在与其他机构展开来源合作时，实现了供应链的联通，并且将技术输出覆盖了 400 多家金融机构，在一定程度上解决当下小微企业融资难融资贵的痛点。

根据上述结果可以发现，产业生态圈可以集合多个不同企业主体的力量去应对变幻莫测的市场环境。企业成员之间关系相对稳定、长期又错综复杂的生态系统一定程度上模糊了传统的行业边界，企业可以跨越常规的行业界限，与多个企业实现共赢，更加真实地对企业生存发展所处的环境进行了描述。

接着，对三者盈利进行相关性分析（见表 7 - 2）。蚂蚁财富盈利与网商银行盈利的 Pearson 相关系数为 0.97，说明两者之间高度正向相关；蚂蚁财富盈利与借贷业务盈利的 Pearson 相关系数为 0.96，说明两者之间高度正向相关；网商银行盈利与借贷业务盈利的 Pearson 相关系数为 0.94，说明两者之间高度正向相关。在显著性方面，P 值计算的结果分别为 0.043、0.041、0.047，均小于 0.05，都呈现显著性的正相关。说明共生于蚂蚁金服产业生态系统的蚂蚁财富、借贷业务与网商银行这三个企业成员在生态系统内形成了较为紧密的关系，在金融科技的发展下相互促进，不断提高自身的盈利水平。产业生态系统总体运作发展良好，不同的企业交叉合作能够组合出新的市场竞争优势，从而应对复杂多变的环境，不断吸引顾客并且给顾客创造更多价值。

表 7 - 2	盈利相关性分析		
	蚂蚁财富盈利	借贷业务盈利	网商银行盈利
蚂蚁财富盈利	1.00	0.96	0.97
借贷业务盈利	0.96	1.00	0.94
网商银行盈利	0.97	0.94	1.00

7.3.5 研究结果

本节得出的结果主要包括以下四个方面：

（1）本节构建的预测模型包括 4 个状态变量、12 个辅助变量、3 个常量；基于变量的实际意义以及产业生态系统的实际运作规则使用非线性回归分析来确定变量之间的数量关系。通过科学性检验表明，模型能够有效刻画蚂蚁金服产业生态系统的动态变化，为研究生态系统内部企业成员之间的变化情况提供较为准确的预测依据。

（2）通过仿真结果可以发现构筑的产业生态系统为内部的各个企业成员提供了较为完善的发展平台，未来还可以不断添加服务板块，积极引入新主体，拓宽业务范围，改善用户服务体验，提升用户粘性，提高流量转化率。

（3）金融科技的引入带来的大数据风控、用户画像分析等极大地改善了借贷业务的发展现状，尽管目前借贷业务并不是整个产业生态系统最为核心的业务，但是根据仿真结果可以推测它在未来五年中将会发展迅速。

（4）金融科技的引入使整个产业生态系统的运行效率得到提升，在共享生态系统内部信息与数据的同时还可以提高用户的体验；金融科技的引入使得产业生态系统内部的用户转化更加便捷，为用户提供多样化一站式服务增加了整体的盈利，更加便捷优质的服务使得整个产业生态系统企业成员的用户数不断增加。

7.4　产业生态系统的模型构建——海尔开放平台

7.4.1　研究对象介绍

互联网时代，企业的核心竞争力不再单独集中于产品的质量与服务。针对客户需求生产，实现产品的创新至关重要。海尔作为制造业行业中的一流企业，拥有整合行业资源的强大能力，但仍需要转变发展思维，实现转型升级。

互联网络的发展，在一定程度上缩短了顾客与生产端的距离，公司能更直接地接触到用户的需求。然而，由于顾客喜好的多样性，企业生产的产品仍不能满足独特群体的需求。尽管顾客存在大规模定制的需求，企业也受限于资金、资源、人才等多种因素，往往难以实现用户定制。

海尔作为家电行业的龙头企业，着力整合自身已有资源，构建开放式平台，连接顾客和生产企业。一方面海尔开放式平台能够吸引海尔已有客户，保证顾客流量和需求；另一方面，海尔能够为具有创新能力的中小企业提供包括资金在内的支持，同时可以针对用户痛点，找准顾客需求，进行精准地生产与营销，保证生产的质量。

目前海尔已经针对不同群体，建立了包括 U＋、HOPE、COSMOPlat、海创汇等多个开放式平台，整合顾客、技术、生产资源。在其开放平台中，HOPE平台最具代表性。HOPE 平台的构建是以海尔为中心，将顾客需求与公司技术相匹配，通过发布技术需求，大范围的搜索技术，缩短研发周期，实现顾客需求的产品化，其运作模式如图 7－11 所示。下面将对海尔的 HOPE 开放式平台的企业边界问题展开研究。

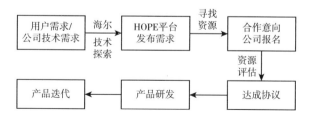

图 7－11　海尔 HOPE 开放创新平台结构

7.4.2 模型设计

根据分析 HOPE 平台项目发布机制，抽象出平台项目数量、平台技术总量等关键指标来构建海尔开放式平台企业边界的模型。在模型中，随着用户基数、平台发布项目数的增多，海尔 HOPE 平台对企业的吸引力增大，而企业数量的增加使平台内的技术量增加，一方面提高了需求产品化的效率，实现高效的转化需求；另一方面，提高了平台的收入，进一步提高平台服务质量。从而吸引企业、用户和项目的加入，实现企业平台的破界；而随着需求不断地被满足，平台用户、企业数不断增长，在系统内形成良性循环，最后实现企业的无边界。

7.4.3 参数设计

从 HOPE 平台合伙人需求公示页面，收集到截至 2019 年 2 月 28 日所有项目信息，如表 7-3 至表 7-5 所示。同时也收集到包括平台的创新增值、用户和资源方（企业）在内的一些平台的基本信息。

表 7-3 　　　　2018～2019 年 HOPE 平台正在寻找合伙方的项目分布情况

项目发布时间	项目数量
2018 年 11 月	1
2018 年 12 月	1
2019 年 1 月	8
2019 年 2 月	8
总计	18

表 7-4 　　　　2017～2018 年 HOPE 平台已关闭的项目分布情况
（招足 10 条信息/需求变更）

项目发布时间	项目数量	项目发布时间	项目数量
2017 年 1 月	1	2018 年 1 月	1
2017 年 5 月	1	2018 年 2 月	1
2017 年 6 月	1	2018 年 3 月	1
2017 年 7 月	1	2018 年 4 月	1
2017 年 8 月	5	2018 年 8 月	6
2017 年 10 月	2	2018 年 9 月	10
2017 年 11 月	6	总计	37

表7-5 已完成的项目分布情况

项目发布时间	项目数量	项目发布时间	项目数量	项目发布时间	项目数量
2017 年 4 月	1	2018 年 1 月	1	2018 年 8 月	2
2017 年 6 月	1	2018 年 2 月	1	2018 年 9 月	4
2017 年 7 月	4	2018 年 3 月	2	2018 年 10 月	8
2017 年 8 月	2	2018 年 4 月	1	2018 年 11 月	1
2017 年 9 月	1	2018 年 5 月	3	2018 年 12 月	3
2017 年 11 月	7	2018 年 6 月	2	2019 年 1 月	4
2017 年 12 月	2	2018 年 7 月	2	总计	52

　　海尔 HOPE 平台作为一个对接顾客需求和公司技术的平台，平台发布的项目是客户需求的体现，受到平台用户基数的影响；平台内公司数量和项目数量共同决定平台内部的竞争程度，影响到平台中企业合作的交易成本；而平台中企业的技术水平，决定了项目的完成速度与质量。平台不断吸纳、筛选、淘汰企业，以更好的服务水平减少企业在项目合作中面临的交易成本，保证平台高效运作，形成了如图 7-12 所示的因果关系。

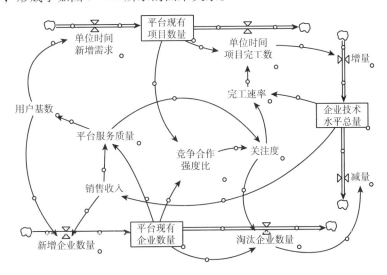

图 7-12 海尔 HOPE 平台因果关系

　　根据 HOPE 平台的基础数据对模型参数进行假定，由于缺乏海尔 HOPE 平台准确的实际数据，在此，模拟一种可能的企业边界发展情况。通过调节参数，可以模拟出在平台提供不同资源和筛选条件下企业边界的发展，其参数设计如表 7-6 所示。

表 7 - 6　　　　　　　　　　　　　模型公式表

序号	公式	序号	公式
01	FINAL TIME = 100 Units：Month	18	企业技术水平 = INTEG（增量 - 减量，初始企业技术水平） Units：1
02	INITIAL TIME = 0 Units：Month	19	增量 = 技术增量系数 × 单位时间项目完工数 Units：1/month
03	SAVEPER = TIME STEP Units：Month	20	技术增量系数 = 0.01 Units：1/project
04	TIME STEP = 1 Units：Month	21	减量 = 技术减量系数 × 淘汰企业数量 Units：1/month
05	平台现有项目数量 = INTEG（单位时间新增需求 - 单位时间完工数量，项目数量初始值） Units：Project	22	技术减量系数 = 0.005 Units：1/company
06	项目数量初始值 = 19 Units：Project	23	初始企业技术水平 = 2 Units：1
07	单位时间项目完工数 = 完工速率 × 平台现有项目数量 Units：Project/month	24	平台现有企业数量 = INTEG（新增企业数量 - 淘汰企业数量，企业数量初始值） Units：company
08	完工速率 = 完工系数 × 关注度$^{0.1}$ × 企业技术水平$^{0.2}$ Units：1/month	25	新增企业数量 = 用户基数$^{0.5}$ × 销售收入$^{0.1}$ × 准进率 Units：company/month
09	完工系数 = 0.3 Units：1/month	26	准进率 = 0.6 + RAMP（ - 0.01，75，100） Units：company/（month × person）
10	单位时间新增需求 = 需求系数 × 用户基数 Units：project/month	27	淘汰企业数量 = 平台现有企业数量 × 关注度^{淘汰系数} × 单位系数 Units：company/month
11	需求系数 = 0.00005（用户数不确定） Units：project/（month × person）	28	淘汰系数 = - 4 Units：1
12	用户基数 = 用户系数 × 平台服务质量 Units：person	29	单位系数 = 1 Units：1/month
13	用户系数 = 50000 Units：person	30	关注度 = 平台服务质量$^{2.35}$ × 关注度系数 Units：1
14	平台服务质量 = 服务质量系数 × SMOOTH1（销售收入，100）$^{0.2}$ Units：1	31	关注度系数 = 0.04 Units：1
15	服务质量系数 = 3 Units：1	32	企业数量初始值 = 10000 Units：company
16	销售收入 = 企业技术水平^{收入系数} Units：1	33	竞争合作强度比 = 平台现有企业数量$^{0.08}$ × 平台现有项目数量$^{-0.2}$ Units：1
17	收入系数 = 3.2 Units：1		

　　其中，平台服务质量、关注度以及技术水平都不是可直接观测的变量，但可以利用平台基本数据计算出。

7.4.4　运行结果

　　运用 Vensim PLE 软件，按设定的参数对模型进行模拟，得到企业边界变化的趋势，如图 7 - 13 所示。可以发现，在目前的参数设定下，企业平台能够正常发展，并以越来越快的速度实现企业边界的扩张。然后分别对平台技术总量、准进率、平台服务质量以及淘汰率的初始值进行修改，分别使得平台技术总量、准进率、平台服务质量的原始值提高 10%，淘汰率的原始值降低 10%，观察其对企业边界的影响。

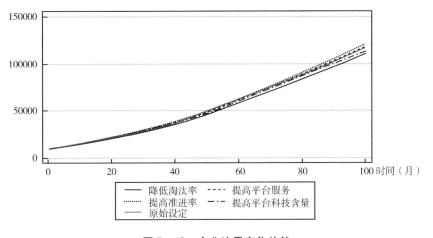

图 7 - 13　企业边界变化趋势

　　通过图 7 - 13，可以发现，这些调整都有利于企业边界的突破。而其中提高企业的准进率对企业边界扩张的效果最好，其次分别是提高平台服务、提高平台科技含量，最后才是降低淘汰率。这可能是因为，减少了对企业的筛选能够加速企业聚集速度，从而最快地实现平台企业数的增加；平台服务质量和平台内企业质量也是企业选择聚集在该平台的主要原因；降低淘汰率并不能明显提高平台对企业的吸引力。

　　观察平台中销售收入总额、项目数目、用户以及创新的变化，我们可以发现，平台服务质量的提升以及初始技术水平对这些指标数量变动影响较大。这说明，平台服务质量的提升，以及平台初期科技型企业的聚集都有利于平台未来高质量发展，如图 7 - 14 至图 7 - 17 所示。

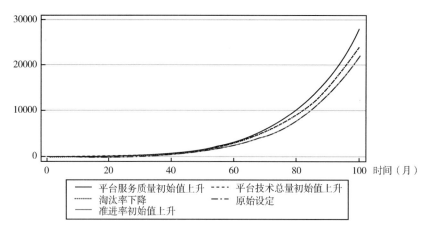

图 7-14 平台销售收入总额变化趋势

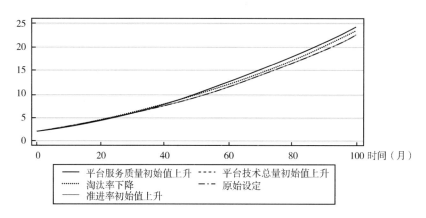

图 7-15 平台技术总量变化趋势

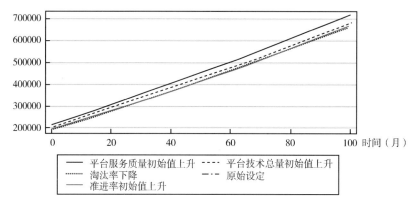

图 7-16 平台用户总量变化趋势

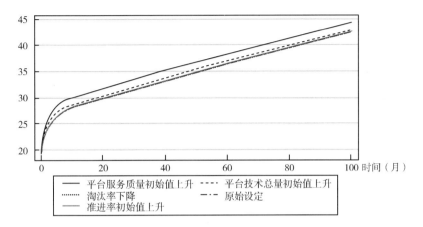

图 7-17　平台项目总量变化趋势

通过分析可以发现 HOPE 平台目前可选择提高服务水平，降低平台进入门槛，吸引高技术水平企业的策略来扩展企业边界，实现平台的做大。而企业平台想实现长远发展，实现平台向无边界的质变，要特别注意在前期对平台服务水平的提升，大力吸引高技术水平的企业。

本章小结

产业生态系统由多个企业成员以及相关的外部环境共同搭建起来的一个生态系统。该生态系统内部汇聚了多种资源，在这个生态系统中，有一个发挥着主要作用的主导企业，在主导企业的带领下，逐渐汇集其他的企业、政府、金融机构等各种类型的企业成员。金融科技带来的技术进步与产品创新不仅增强了企业成员彼此之间的联系，还提升了生态系统的运行效率。在产业生态系统中，企业成员们各司其职，发挥着不同的作用，企业在关注与培养自身核心能力的同时也会去关注与之共生企业构成系统的共同发展与繁荣。

产业生态系统内的各企业通过彼此合作打破了传统的企业发展边界，企业之间的联系更为紧密，彼此之间的资源共享性更强，共生效益显著。金融科技的不断进步让企业成员之间的联系更加方便，巩固加强了成员之间的共生关系，数据化的信息更加客观准确。对于产业生态系统内各类主体的共生而言，其实是一个动态变化的过程，在金融科技的驱动下，尽管各类企业成员的发展具备各自的特性，但是在整个产业生态系统发展演化的过程中各企业之间不是独立发展，而是协同进化。

在企业平台破界—跨界—无边界的过程中，主导企业对平台的管理发挥着重要作用。面对错综复杂的外部环境以及平台内部主体数量和竞合关系的变化，主导企业选择正确的平台战略至关重要。从提高企业平台服务水平入手，降低准入门槛，吸引高科技企业等举措都能够帮助企业平台飞速发展，实现企业聚集。然而，平台内企业数量的提升不能保证其在未来发展中获得竞争优势。增加平台用户数量，加大平台创新投入，提升平台内部项目数量才能保证平台长期高质量发展。为了在未来竞争中获得核心竞争力，依靠降低准入门槛是行不通的，还是需要平台从内部着手，在初期努力提升平台自身的服务水平，聚集高科技企业。

随着金融科技不断发展，产业生态系统在引入金融科技时应以自身的发展特点为依据，因地制宜，将金融科技的技术转化为内生的发展动力，不断优化数据算法、风控系统等。立足"协同发展"战略理念的产业生态系统在竞争不断激化的当下更容易获得竞争优势。对传统企业来讲，利用金融科技的发展加强与其他企业的联系，将生产服务与消费连接成一个动态开放的整体系统，有助于激发生态系统内部各企业的活力。

产业生态系统发展到了后期将会面临生态容量的问题，企业应提前着手预防，整合多方资源，形成有针对性的技术支撑与发展政策支撑体系，从扩大企业业务范围到增加用户粘性这两个方面来制定企业未来发展战略，结合金融科技带来的技术进步突破企业发展的临界规模，创造更多稳定的用户流量，提升整个产业生态系统的地位。

此外，还需要与时俱进对接市场的需求，深化多方产业的协作，借助资源优势进行成果的转化和推广，充分发挥金融科技在其中的作用，积极鼓励产业生态系统中的企业扩大自身业务，以开放包容的心态在进行风险识别与鉴定之后吸纳更多企业加入产业生态系统，向整个社会提供专业化、社会化的服务。

参 考 文 献

[1] 白骏骄. 融资约束与中国互联网式创新——基于互联网上市公司数据 [J]. 经济问题，2014（9）：13 - 19.

[2] 白钦先，谭庆华. 论金融功能演进与金融发展 [J]. 金融研究，2006 (7)：41 - 52.

[3] 柏玲，姜磊，赵本福. 金融发展体系、技术创新产出能力及转化——来自省域动态面板数据的实证 [J]. 产经评论，2013（1）：15 - 25.

[4] 蔡莉，彭秀青，Satish Nambisan，王玲. 创业生态系统研究回顾与展望 [J]. 吉林大学社会科学学报，2016，56（1）：5 - 16.

[5] 蔡苓. 破解我国中小企业融资难问题研究——基于商业银行"投贷联动"视角的分析 [J]. 上海经济研究，2016（3）：83 - 95.

[6] 蔡宁，王节祥，杨大鹏. 产业融合背景下平台包络战略选择与竞争优势构建——基于浙报传媒的案例研究 [J]. 中国工业经济，2015（5）：96 - 109.

[7] 蔡卫鸿，彭金鑫，杨青. 基于共生界面的风险投资产业和高技术产业集群共生模式研究 [J]. 科技创业月刊，2011（8）：34 - 35.

[8] 曾康霖. 试论我国金融资源的配置 [J]. 金融研究，2005（4）：12 - 15.

[9] 陈超，陈拥军. 互联网平台模式与传统企业再造 [J]. 科技进步与对策，2016，33（6）：84 - 88.

[10] 陈芳. 基于双边市场理论的电子商务 B2B 平台定价策略研究 [D]. 宁波：宁波大学，2014.

[11] 陈威如，余卓轩. 平台战略：正在席卷全球的商业模式革命 [M]. 北京：中信出版社，2013.

[12] 陈迅，吴相俊. 科技进步与金融创新互动关系 [J]. 科技与管理，2009，11（6）：53 - 55.

[13] 陈亚飞. 市场变化格局下的万达集团跨界转型发展初探 [D]. 上海：上海师范大学，2015.

[14] 程贵孙，陈宏民，孙武军. 双边市场视角下的平台企业行为研究 [J]. 经济理论与经济管理，2006（9）：55-60.

[15] 程贵孙. 平台型网络产业的微观结构，特征及竞争策略 [J]. 华东师范大学学报：哲学社会科学版，2010，6（6）：104-104.

[16] 池仁勇，潘李鹏. 知识产权能力、外部知识产权保护强度与企业成长性 [J]. 科技进步与对策，2016，33（1）：76-80.

[17] 崔晓明，姚凯，胡君辰. 交易成本、网络价值与平台创新——基于38个平台实践案例的质性分析 [J]. 研究与发展管理，2014（3）：22-31.

[18] 邓新成，邹鸣宇. 红包满天飞背后是输不起的互联网金融大战 [J]. IT时代周刊，2015（3）：22-27.

[19] 董亮，赵健. 双边市场理论：一个综述 [J]. 世界经济文汇，2012（1）：53-61.

[20] 杜沔，王良成. 我国上市公司配股前后业绩变化及其影响因素的实证研究 [J]. 管理世界，2006（3）：114-121，172.

[21] 杜永红. 大数据下的互联网金融创新发展模式 [J]. 中国流通经济，2015（7）：70-75.

[22] 段文奇，赵良杰，陈忠. 网络平台管理研究进展 [J]. 预测，2009（6）：1-6，17.

[23] 冯华，陈亚琦. 平台商业模式创新研究——基于互联网环境下的时空契合分析 [J]. 中国工业经济，2016（3）：99-113.

[24] 傅瑜. 网络规模、多元化与双边市场战略——网络效应下平台竞争策略研究综述 [J]. 科技管理研究，2013（6）：192-196.

[25] 高小平. 互联网对企业边界的影响研究 [D]. 广州：华南理工大学，2014.

[26] 龚丽敏，江诗松. 平台型商业生态系统战略管理研究前沿：视角和对象 [J]. 外国经济与管理，2016，38（6）：38-50，62.

[27] 郭斌. 企业债务融资方式选择理论综述及其启示 [J]. 金融研究，2005（3）：145-157.

[28] 郭全中，郭凤娟. 平台经济与媒体商业模式变迁 [J]. 青年记者，2013（9）：16-18.

[29] 郭旭文. 电子商务生态系统的构成、特征及其演化路径 [J]. 商业时代, 2014 (10): 71–72.

[30] 韩炜, 杨俊, 包凤耐. 初始资源、社会资本与创业行动效率——基于资源匹配视角的研究 [J]. 南开管理评论, 2013 (3): 149–160.

[31] 何阳. 基于商业生态系统理论的电商企业金融服务模式比较研究 [J]. 电子商务, 2013 (4): 7–8.

[32] 侯莹. 中小板上市公司融资结构与经营绩效关系的研究 [J]. 商业经济, 2010 (5): 60–62.

[33] 胡岗岚, 卢向华, 黄丽华. 电子商务生态系统及其演化路径 [J]. 经济管理, 2009, 31 (6): 110–116.

[34] 黄宏斌, 翟淑萍, 陈静楠. 企业生命周期、融资方式与融资约束——基于投资者情绪调节效应的研究 [J]. 金融研究, 2016 (7): 96–112.

[35] 黄群慧, 贺俊. "第三次工业革命"与中国经济发展战略调整——技术经济范式转变的视角 [J]. 中国工业经济, 2013 (1): 5–18.

[36] 黄倚嘉. 以电商平台为核心的互联网金融行业发展研究 [D]. 北京: 首都经济贸易大学, 2014.

[37] 纪汉霖. 用户部分多归属条件下的双边市场定价策略 [J]. 系统工程理论与实践, 2011, 31 (1): 77–85.

[38] 英莺敏, 吴之洪. 试述注意力经济 [J]. 唯实, 2002 (6): 36–40.

[39] 蒋昌俊, 丁志军, 王俊丽, 等. 面向互联网金融行业的大数据资源服务平台 [J]. 科学通报, 2014, 59 (36): 3547–3554.

[40] 蒋银科, 肖毅, 聂笑一. 微信支付的现状分析与信用问题研究 [J]. 电子商务, 2014 (9): 35–36.

[41] 焦莉莉, 黄艳敏, 宗涛. 我国纯粹网络银行的主要特征、发展瓶颈及对策——以微众银行和网商银行为例 [J]. 对外经贸实务, 2015 (11): 59–62.

[42] 夏皮罗, 瓦里安. 信息规则: 网络经济的策略指导 [M]. 张帆, 译. 北京: 中国人民大学出版社, 2000.

[43] 库尔特·多普菲. 演化经济学 [M]. 北京: 高等教育出版社, 2005: 11–13.

[44] 来继泽. 中国互联网金融发展研究——以阿里巴巴集团为例 [D]. 长春: 吉林大学, 2014.

[45] 乐天, 段永朝, 李犁. 互联网金融蓝皮书 (2015) [M]. 北京: 电子

工业出版社, 2015.

[46] 冷佳璇. 互联网金融时代, 商业银行的挑战与选择 [J]. 金融经济: 理论版, 2015 (8): 9-11.

[47] 李春发, 冯立攀, 韩芳旭, 等. 电子商务生态系统的动态演化博弈分析 [J]. 系统科学学报, 2015, 23 (4): 75-78.

[48] 李东荣. 中国互联网金融发展报告 (2015) [M]. 北京: 社会科学文献出版社, 2015.

[49] 李海舰, 陈小勇. 企业无边界发展研究——基于案例的视角 [J]. 中国工业经济, 2011 (6): 89-98.

[50] 李海舰, 田跃新, 李文杰. 互联网思维与传统企业再造 [J]. 中国工业经济, 2014 (10): 135-146.

[51] 李海舰, 原磊. 论无边界企业 [J]. 中国工业经济, 2005 (4): 94-102.

[52] 李海舰, 冯丽. 企业价值来源及其理论研究 [J]. 中国工业经济, 2004 (3): 52-60.

[53] 李鹏, 胡汉辉. 企业到平台生态系统的跃迁: 机理与路径 [J]. 科技进步与对策, 2016, 33 (10): 1-5.

[54] 李晓翔. 无边界企业的构成要素与成长路径研究 [J]. 中国工业经济, 2016 (6): 144-160.

[55] 李学军, 谷鹏. 互联网时代的企业跨界发展战略 [J]. 管理学家, 2014 (18): 493-494.

[56] 李允尧, 刘海运, 黄少坚. 平台经济理论研究动态 [J]. 经济学动态, 2013 (7): 123-129.

[57] 李政. 基于创新的商业银行核心竞争力评价体系研究 [J]. 金融理论与实践, 2006 (8): 24-26.

[58] 李子奈, 潘文卿. 计量经济学 (第二版) [M]. 北京: 高等教育出版社, 2005.

[59] 廉薇. 基于大数据和网络的小微企业贷款模式创新研究——以 "阿里小贷" 为例 [J]. 经济视角 (上), 2013 (9): 46-48.

[60] 梁嘉骅, 葛振忠, 范建平. 企业生态与企业发展 [J]. 管理科学学报, 2002 (2): 34-40.

[61] 梁强, 李新春, 周莉. 新创企业内部资源与外部关系的战略平衡——

中国情境下的经验研究 [J]. 管理科学学报, 2016, 19 (4): 71 – 87.

[62] 梁璋, 沈凡. 国有商业银行如何应对互联网金融模式带来的挑战 [J]. 新金融, 2013 (7): 47 – 51.

[63] 林志扬, 赵靖宇, 裴彩霞. 跨界: 你需要怎样的组织控制能力 [J]. 清华管理评论, 2014 (Z2): 56 – 63.

[64] 刘朝明, 廖林, 涂瑞. 区域金融生态系统基本性状模型研究 [J]. 金融研究, 2008 (5): 194 – 202.

[65] 刘刚, 熊立峰. 消费者需求动态响应、企业边界选择与商业生态系统构建——基于苹果公司的案例研究 [J]. 中国工业经济, 2013 (5): 122 – 134.

[66] 刘江鹏. 企业成长的双元模型: 平台增长及其内在机理 [J]. 中国工业经济, 2015 (6): 148 – 160.

[67] 刘军杰. 平台企业跨界成长的金融支持模式研究 [D]. 南京: 东南大学, 2017.

[68] 刘兰剑. 网络能力、网络治理与企业成长间关系及研究动向分析 [J]. 软科学, 2011, 25 (3): 105 – 109.

[69] 刘林青, 谭畅, 江诗松, 雷昊. 平台领导权获取的方向盘模型——基于利丰公司的案例研究 [J]. 中国工业经济, 2015 (1): 134 – 146.

[70] 刘勤福, 孟志芳. 基于商业银行视角的互联网金融研究 [J]. 新金融, 2014 (3): 14 – 18.

[71] 刘新海. 阿里巴巴集团的大数据战略与征信实践 [J]. 征信, 2014, 32 (10): 10 – 14, 69.

[72] 刘政, 陈晓莹, 杨先明. 融资多样性对企业技术创新的影响机制研究 [J]. 科技进步与对策, 2017, 34 (3): 84 – 92.

[73] 卢永真. 私募股权基金在国有企业改革发展中的功能研究 [D]. 成都: 西南财经大学, 2011.

[74] 陆珩瑱, 吕睿. 资本结构选择偏好、成长性与公司绩效 [J]. 投资研究, 2012, 31 (3): 114 – 124.

[75] 陆玲. 略论企业生态学原理 [J]. 世界科学, 1996 (3): 44 – 46.

[76] 陆岷峰, 虞鹏飞. 互联网金融背景下商业银行"大数据"战略研究——基于互联网金融在商业银行转型升级中的运用 [J]. 经济与管理, 2015, 29 (3): 31 – 38.

[77] 罗珉，李亮宇. 互联网时代的商业模式创新：价值创造视角 [J]. 中国工业经济，2015 (1)：95 – 107.

[78] 罗珉，刘永俊. 企业动态能力的理论架构与构成要素 [J]. 中国工业经济，2009 (1)：75 – 86.

[79] 罗珉，赵亚蕊. 组织间关系形成的内在动因：基于帕累托改进的视角 [J]. 中国工业经济，2012 (4)：76 – 88.

[80] 吕鸿江，程明，李晋. 商业模式结构复杂性的维度及测量研究 [J]. 中国工业经济，2012 (11)：110 – 122.

[81] 吕一博，苏敬勤，傅宇. 中国中小企业成长的影响因素研究——基于中国东北地区中小企业的实证研究 [J]. 中国工业经济，2008 (1)：14 – 23.

[82] 吕一博，蓝清，韩少杰. 开放式创新生态系统的成长基因——基于 iOS、Android 和 Symbian 的多案例研究 [J]. 中国工业经济，2015 (5)：148 – 160.

[83] 苗泽华，彭靖. 工业企业生态系统及其共生机制研究 [J]. 生态经济，2012 (7)：93 – 97，104.

[84] 邱峰. 互联网金融冲击与商业银行应对 [J]. 金融会计，2013 (11)：45 – 49.

[85] 邱甲贤，林漳希，童牧. 第三方电子交易平台运营初期的定价策略——基于在线个人借贷市场的实证研究 [J]. 中国管理科学，2014，22 (9)：57 – 65.

[86] 邱勋，陈月波. 股权众筹：融资模式、价值与风险监管 [J]. 新金融，2014 (9)：58 – 62.

[87] 申洁. 互联网企业股权融资研究 [D]. 北京：外交学院，2015.

[88] 孙其达. 数据交换型物流信息平台客户增长影响因素及作用机制研究 [D]. 北京：北京交通大学，2012.

[89] 陶长琪，周璇. 产业融合下的产业结构优化升级效应分析——基于信息产业与制造业耦联的实证研究 [J]. 产业经济研究，2015 (3)：21 – 31，110.

[90] 腾讯科技频道. 跨界：开启互联网与传统行业融合新趋势 [M]. 北京：机械工业出版社，2014.

[91] 田秀华，聂清凯，夏健明，等. 商业生态系统视角下企业互动关系模型构建研究 [J]. 南方经济，2006 (4)：50 – 57.

［92］汪旭晖，张其林．平台型网络市场"平台—政府"双元管理范式研究——基于阿里巴巴集团的案例分析［J］．中国工业经济，2015（3）：135 - 147．

［93］汪亚青，张明之．第三次工业革命浪潮中的产业竞争优势转型研究述评［J］．科技进步与对策，2015，32（18）：155 - 160．

［94］王德静．论国有商业银行的核心竞争力［J］．金融理论与实践，2002（11）：25 - 27．

［95］王会娟，廖理．中国 P2P 网络借贷平台信用认证机制研究——来自"人人贷"的经验证据［J］．中国工业经济，2014（4）：136 - 147．

［96］王军．商业银行核心竞争力评价的指标体系构建与运用［J］．统计与决策，2011（5）：137 - 140．

［97］王丽华，网络平台战略驱动的银行核心竞争力研究［D］．南京：东南大学，2017．

［98］王茂祥、李东．外部环境变化对企业战略创新的影响及其案例分析［J］．现代管理科学，2015（4）：36 - 38．

［99］王明宇，李钰婕．我国主要电商平台互联网金融的模式研究［J］．中国商贸，2014（36）：96 - 100．

［100］王千．互联网企业平台生态圈及其金融生态圈研究——基于共同价值的视角［J］．国际金融研究，2014（11）：76 - 86．

［101］王秋菊．基于双边市场理论的 B2C 电子商务平台定价策略研究［D］．广州：华南理工大学，2014．

［102］王世权．试论价值创造的本原性质、内在机理与治理要义——基于利益相关者治理视角［J］．外国经济与管理，2010，32（8）：10 - 17．

［103］王伟光，冯荣凯，尹博．产业创新网络中核心企业控制力能够促进知识溢出吗？［J］．管理世界，2015（6）：99 - 109．

［104］魏启明．上市公司不同融资方式对公司绩效的影响研究［D］．成都：西南财经大学，2014．

［105］文琪．挂钩全球首个电商大数据指数 博时淘金100 指数基金即将首发［J］．股市动态分析，2015（16）：55 - 55．

［106］吴海民．市场关系、交易成本与实体企业"第四利润源"——基于2007—2011 年370 家民营上市公司的实证研究［J］．中国工业经济，2013（4）：107 - 119．

[107] 吴晓求. 互联网金融：成长的逻辑 [J]. 财贸经济, 2015 (2)：5 – 15.

[108] 吴义爽, 盛亚, 蔡宁. 基于互联网 + 的大规模智能定制研究——青岛红领服饰与佛山维尚家具案例 [J]. 中国工业经济, 2016 (4)：127 – 143.

[109] 吴义爽, 徐梦周. 制造企业"服务平台"战略、跨层面协同与产业间互动发展 [J]. 中国工业经济, 2011 (11)：48 – 58.

[110] 奚洁人. 跨界、跨界思维和跨界领导力：跨界领导力研究的时代意义和社会价值 [J]. 领导科学, 2014 (20)：17 – 20.

[111] 夏清华, 易朝辉. 不确定环境下中国创业支持政策研究 [J]. 中国软科学, 2009 (1)：66 – 72, 111.

[112] 谢平, 邹传伟. 互联网金融模式研究 [J]. 金融研究, 2012 (12)：11 – 22.

[113] 邢雪峰. 中国互联网企业境外上市融资的绩效研究 [D]. 上海：复旦大学, 2012.

[114] 徐晋, 张祥建. 平台经济学初探 [J]. 中国工业经济, 2006 (5)：40 – 47.

[115] 徐晋. 平台经济学 [M]. 上海：上海交通大学出版社, 2013.

[116] 徐昭. 微信支付创新发展对金融消费者的影响及启示 [J]. 浙江金融, 2014 (6)：35 – 37.

[117] 阎薇. 企业融资方式与经营绩效的实证分析 [J]. 大连铁道学院学报, 2005 (2)：80 – 83.

[118] 杨东, 苏伦嘎. 股权众筹平台的运营模式及风险防范 [J]. 国家检察官学院学报, 2014, 22 (4)：157 – 168.

[119] 杨蕙馨, 李峰, 吴炜峰. 互联网条件下企业边界及其战略选择 [J]. 中国工业经济, 2008 (11)：88 – 97.

[120] 杨林岩, 赵驰. 企业成长理论综述——基于成长动因的观点 [J]. 软科学, 2010, 24 (7)：106 – 110.

[121] 杨锐, 夏彬. 网络关系构建及其对企业成长绩效影响研究 [J]. 科研管理, 2016, 37 (5)：103 – 111.

[122] 杨智斌, 马腾, 胡啸兵. 中国上市商业银行核心竞争力评价 [J]. 统计与决策, 2012 (17)：178 – 181.

[123] 杨忠直. 企业生态学引论 [M]. 北京：科学出版社, 2003：172 – 173.

[124] 叶中行. 互联网金融中的大数据应用 [J]. 科研信息化技术与应

用，2015，6（2）：3-10.

[125] 尹波，赵军，敖治平，张良. 商业生态系统构建、治理与创新研究——以泸州老窖商业生态系统战略为例 [J]. 软科学，2015，29（6）：46-50.

[126] 余淙. 互联网金融对商业银行的影响及对策研究 [J]. 经济研究导刊，2015（3）：93-95.

[127] 袁增伟，毕军，等. 传统产业生态化模式研究及应用 [J]. 中国人口（资源与环境），2004，14（2）：108-111.

[128] 张常胜. 打造互联网银行创造新商业模式 [J]. 新金融，2013（7）：40-46.

[129] 张惠. 互联网金融的侵蚀态势与商业银行应对策略研究 [J]. 金融理论与实践，2014（5）：106-110.

[130] 张捷，王霄. 中小企业金融成长周期与融资结构变化 [J]. 世界经济，2002（9）：63-70.

[131] 张丽. 社会化媒体营销背景下微信的精准营销研究 [D]. 长春：吉林财经大学，2014.

[132] 张文红，赵亚普. 转型经济下跨界搜索战略与产品创新 [J]. 科研管理. 2013，34（9）：54-63.

[133] 张亚光. 基于生命周期理论的中小高科技企业融资方式研究 [D]. 杭州：浙江大学，2014.

[134] 张永安，李晨光. 复杂适应系统应用领域研究展望 [J]. 管理评论，2010，22（5）：121-128.

[135] 张泽宇. 我国电商平台互联网金融发展状况研究 [D]. 北京：国际贸易经济合作研究院，2015.

[136] 赵驰，周勤，汪建. 信用倾向、融资约束与中小企业成长——基于长三角工业企业的实证 [J]. 中国工业经济，2012（9）：77-88.

[137] 赵振. "互联网+"跨界经营：创造性破坏视角 [J]. 中国工业经济，2015（10）：146-160.

[138] 甄新伟. 全面深化金融供给侧结构性改革 [N]. 经济参考报，2019-02-25.

[139] 甄艺凯，孙海鸣. "腾讯QQ"免费之谜——基于消费者搜寻的厂商定价理论视角 [J]. 中国工业经济，2013（2）：130-142.

[140] 郑联盛. 中国互联网金融：模式、影响、本质与风险 [J]. 国际经

济评论，2014（5）：103 – 118，6.

[141] 郑志来. 互联网金融对我国商业银行的影响路径——基于"互联网 +"对零售业的影响视角 [J]. 财经科学，2015（5）：34 – 43.

[142] 周利华. 网络平台演化机制研究 [D]. 金华：浙江师范大学，2013.

[143] 周勤，侯赟慧，高彦彦，等. 网络金融环境下的产业升级和企业创新 [M]. 北京：经济科学出版社，2015：153 – 168.

[144] 周哲羽. 互联网金融平台临界规模突破策略研究 [D]. 南京：东南大学，2016.

[145] 朱锐鹏. 基于平台视角探究商业生态系统协同演化的动力和机制 [D]. 大连：东北财经大学，2015.

[146] 兹维·博迪，罗伯特·C. 默顿，戴维·L. 克利顿著. 金融学（第二版）[M]. 曹辉，等译. 北京：中国人民大学出版社，2010.

[147] Adner R，Kapoor R. Value Creation in Innovation Ecosystems：How The Structure of Technological Interdependence Affects Firm Performance in New Technology Generation [J]. Strategic Management Journal，2010，31（3）：306 – 333.

[148] Aldrich H E，Martinez M A. Entrepreneurship as Social Construction：A Multilevel Evolutionary Approach [A]. Handbook of Entrepreneurship Research. New York：Springer，2010：387 – 427.

[149] Amit R，Zott C. Value Creation in E-business [J]. Strategic Management Journal，2001，22（6）：493 – 520.

[150] Amrit，T. Platform Ecosystems：Aligning Architecture，Governance，and Strategy [M]. Elsevier Science Publishers，2014.

[151] Armstrong，M. Competition in Two-sided Markets [J]. The RAND Journal of Economics，2006，37（3）：668 – 691.

[152] Ashton W S，Chopra S S，Kashyap R. Life and Death of Industrial Ecosystems [J]. Sustainability，2017，9（4）：605 – 619.

[153] Baldwin C Y，Woodard C J. The Architecture of Platforms：A Unified View [A]. Platforms，Markets and Innovation，Cheltenham，UK：Edward Elgar，2008：19 – 44.

[154] Barney J，Wright M，Ketchen D J. The Resource – based View of the

Firm: Ten Years After 1991 [J]. Journal of Management, 2001, 27 (6): 625 – 641.

[155] Berger A N, Udell G F. The Economics of Small Business Finance: The Roles of Private Equity and Debt Markets in the Financial Growth Cycle [J]. Journal of Banking & Finance, 1998, 22 (6 – 8): 613 – 673.

[156] Boons F A, Baas L W. Types of Industrial Ecology: The Problem of Co-ordination [J]. Journal of Cleaner Production, 1997, 5 (1 – 2): 79 – 86.

[157] Ceccagnoli M, Forman C, Huang p, et al. Cocreation of Value in a Platform Ecosystem: The Case of Enterprise Software [J]. MIS Quarterly, 2012, 36 (1): 263 – 290.

[158] Chesbrough H, Schwartz K. Innovating Business Models With Co – Development Partnerships [J]. Research Technology Management, 2007, 50 (1): 55 – 59.

[159] Clarysse B, Bruneel J, Wright M. Explaining Growth Paths of Young Technology – based Firms: Structuring Resource Portfolios in Different Competitive Environments [J]. Strategic Entrepreneurship Journal, 2011, 5 (2): 137 – 157.

[160] Clemons E K, Row M C. Information Technology and Industrial Cooperation: The Changing Economics of Coordination and Ownership [J]. Journal of Management Information Systems, 1992, 9 (2): 9 – 28.

[161] Coad A. Exploring the Processes of Firm Growth: Evidence from a Vector Auto – regression [J]. Industrial and Corporate Change, 2010, 19 (6): 1677 – 1703.

[162] Coase R H. The Nature of the Firm [J]. Economica, 1937, 4 (16): 386 – 405.

[163] Dobson P W. Competing, Countervailing, And Coalescing Forces: The Economics Of Intra-And Inter-Business System Competition [J]. Antitrust Bull, 2006, 51 (1): 175 – 193.

[164] Douglas A E. Symbiotic Interactions [M]. Oxford: Oxford University Press, 1994.

[165] Economides N, Himmelberg C. Critical Mass and Network Evolution in Telecommunications [A]. Toward a Competitive Telecommunication Industry: Selected Papers from the 1994 Telecommunications Policy Research Conference. Mahwah,

NJ: Lawrence Erlbaum, 1995: 47 - 63.

[166] Edvardsson B, Tronvoll B, Gruber T. Expanding Understanding of Service Exchange and Value Co-creation: A Social Construction Approach [J]. Journal of the Academy of Marketing Science, 2011, 39 (2): 327 - 339.

[167] Eick S, Graves T, Karr A, et al. Does Code Decay? Assessing the Evidence from Change Management Data [J]. IEEE Transactions on Software Engineering, 2001, 27 (1): 1 - 12.

[168] Eisenmann T, Parker G , Alstyne M . Platform Envelopment [J]. Strategic Management Journal, 2011, 32 (12): 1270 - 1285.

[169] Evans D S. How Catalysts Ignite: The Economics of Platform - Based Start - Ups [A]. Platforms, Markets and Innovation, Gawer A (ed.), Cheltenham: Edward Elgar Publishing, 2009: 99 - 128.

[170] Evans D S, Schmalensee R . Failure to Launch: Critical Mass in Platform Businesses [J]. Review of Network Economics, 2010, 9 (4): 1 - 1.

[171] Evans D S, Schmalensee R , Noel M, et al. Platform Economics: Essays on Multi - Sided Businesses [DB/OL]. 2011. URL http: // ssrn. com/abstract = 1974020.

[172] Evans D S. Some Empirical Aspects of Multi - sided Platform Industries [J]. Review of Network Economics, 2003, 2 (3): 191 - 209.

[173] Evans D S. The Antitrust Economics of Multi - Sided Platform Markets [J]. Yale Journal on Regulation, 2003a, 20 (2) .

[174] Gawer A, Cusurnano M A. Industry Platform and Ecosystem Innovation [J]. Journal of Product Innowation Management, 2014, 31 (3): 417 - 433.

[175] Gulati R, Nohria N, Zaheer A. Strategic Networks [J]. Strategic Management Journal, 2000, 21 (3): 203 - 215.

[176] Hite J M , Hesterly W S . The Evolution of Firm Networks: From Emergence to Early Growth of the Firm [J]. Strategic Management Journal, 2001, 22 (3): 275 - 286.

[177] Iansiti M, Levien R. Keystones and Dominators: Framing the Operational Dynamics of Business Ecosystems [J]. Boston, Estados Unidos, 2002.

[178] Iansiti M, Levien R. Strategy as Ecology [J]. Harvard Business Review, 2004, 82 (3): 68 - 78.

［179］ Katila R, Rosenberger J D, Eisenhardt K M. Swimming with Sharks: Technology Ventures, Defense Mechanisms and Corporate Relationships ［J］. Administrative Science Quarterly, 2008, 53 （2）: 295 –332.

［180］ Kim H, Lee N, Han J. The Role of IT In Business Ecosystems ［J］. Communication of The ACM, 2010, 53 （5）: 151 –156.

［181］ Korhonen J. Some Suggestions for Regional Industrial Ecosystems-extended Industrial Ecology ［J］. Eco-Management and Auditing, 2001, 8 （1）: 57 –69.

［182］ Meadows D. Thinking in Systems: A primer ［M］. White River Junction, VT: Chelsea Green, 2008: 129.

［183］ Mäekinen S J, Kanniainen J, Peltola I. Investigating Adoption of Free Beta Applications in a Platform-Based Business Ecosystem ［J］. Journal of Product Innovation Management, 2014, 31 （3）: 451 –465.

［184］ Merton R, Bodie Z, A. Conceptual Framework for Analyzing the Financial Environment ［A］. The Global Financial System: A Functional Perspective, Boston: Harvard Business School Press, 1995.

［185］ Modigliani F, Miller M H. The Cost of Capital, Corporation Finance and the Theory of Investment ［J］. The American Economic Review, 1958, 48 （3）: 261 –297.

［186］ Moore J F. Predator and Prey: A New Ecoligy of Competition ［J］. Harvard Business Review, 1993, 71 （3）: 75 –86.

［187］ Myers S C. The Capital Structure Puzzle ［J］. The Journal of Finance, 1984, 39 （3）: 574 –592.

［188］ Nolan H. Crossover of Fields Changing Business ［N］. Prweek, 2006, December 6. https://www. prweek. com/article/1259581/crossover – fields – changing – business.

［189］ Oren S S, Smith S A. Critical Mass and Tariff Structure in Electronic Communications Markets ［J］. Bell Journal of Economics, 1981, 2 （2）: 467 –487.

［190］ Peltoniemi M. Cluster, Value Network and Business Ecosystem: Knowledge and Innovation Approach ［C］. Proceedings of Organisations, Innovation and Complexity: New Perspectives on the Knowledge Economy, Manchester, England, UK, 2004: 9 –10.

[191] Peltoniemi M, Vuori E. Business Ecosystem as the New Approach to Complex Adaptive Business Environments [C]. Proceedings of E – business Research Forum, 2004: 267 – 281.

[192] Penrose E. The Theory of the Growth of the Firm [M]. Oxford University Press, 1995.

[193] Pettus M L. The Resource – based View as a Developmental Growth Process: Evidence from the Deregulated Trucking Industry [J]. Academy of Management Journal, 2001, 44 (4): 878 – 896.

[194] Pierce L. Big Losses in Ecosystem Niches: How Core Firm Decisions Drive Complementary Product Shakeouts [J]. Strategic Management Journal, 2009, 30 (3): 323 – 347.

[195] Prashantham S, Dhanaraj C. The Dynamic Influence of Social Capital on the International Growth of New Ventures [J]. Journal of Management Studies, 2010, 47 (6): 967 – 994.

[196] Raban D R, Moldovan M, Jones Q. An Empirical Study of Critical Mass and Online Community Survival [C]. Proceedings of ACM Conference on Computer Supported Cooperative Work, Savannah, Georgia, USA, 2010: 71 – 80.

[197] Rochet J, J Tirole. Platform Competition in Tow-Sided Markets [J]. Journal of the European Economic Association, 2003, 1 (4): 990 – 1029.

[198] Rogers E M. Diffusion of Innovations [M]. New York: The Free Press of Glencoe, 1962.

[199] Ross S A. The Determination of Financial Structure: The Incentive Signaling Approach [J]. The Bell Journal of Economics, 1977, 8 (1): 23 – 40.

[200] Santos M, Eisenhardt K. Organizational Boundaries and Theories of Organization [J]. Organization Science, 2005, 16 (5): 453 – 562.

[201] Sapienza H J, Autio E, George G, et al. A Capabilities Perspective on the Effects of Early Internationalization on Firm Survival and Growth [J]. Academy of Management Review, 2006, 31 (4): 914 – 933.

[202] Shane S, Venkataraman S. The Promise of Entrepreneurship as a Field of Research [J]. Academy of Management Review, 2000, 25 (1): 217 – 226.

[203] Shankar V, Bayus B L. Network Effects and Competition: An Empirical Analysis of the Home Video Game Industry [J]. Strategic Management Journal,

2002, 24 (4): 375 – 384.

[204] Shiri G, Trabelsi T. Venture Capital And The Financing Of Innovation [C]. FMA European Conference, 2011.

[205] Siggelkow N. Persuasion With Case Studies [J]. The Academy of Management Journal, 2007, 50 (1): 20 – 24.

[206] Srinivasan R, Rangaswamy A. First in, First out? The Effects of Network Externalities on Pioneer Survival [J]. Journal of Marketing, 2004, 68 (1): 41 – 58.

[207] Sullivan, M, and M. Ford, How Entrepreneurs Use Networks to Address Changing Resource Requirements During Early Venture Development [J]. Entrepreneurship Theory and Practice, 2014, 38 (3): 551 – 574.

[208] Teece D J. Business Models, Business Strategy and Innovation [J]. Long Range Planning, 2010, 43 (2): 172 – 194.

[209] Teece D J. Explicating Dynamic Capabilities: The Nature and Microfoundations of (sustainable) Enterprise Performance [J]. Strategic Management Journal, 2007, 28 (13): 1319 – 1350.

[210] Tiwana A, Konsynski B R, Bush A A. Research Commentary—Platform Evolution: Coevolution of Platform Architecture, Governance, and Environmental Dynamics [J]. Information Systems Research, 2010, 21 (4): 675 – 687.

[211] U Witt. "Lock-in" vs. "Critical Masses" — Industrial Change under Network Externalities [J]. International Journal of Industrial Organization, 1997, 15 (6): 753 – 773.

[212] Walls J L, Paquin R L. Organizational Perspectives of Industrial Symbiosis: A Review and Synthesis [J]. Organization & Environment, 2015, 28 (1): 32 53.

[213] Weck O, Roos D, Magee C L. Engineering Systems: Meeting Human Needs in a Complex Technological World [M]. Cambridge: MIT Press, 2011: 71.

[214] West J, Wood D. Creating and Evolving an Open Innovation Ecosystem: Lessons from Symbian Ltd [J]. Social Science Electronic Publishing, 2008, 8 (17): 52 – 87.

[215] Weyl G. A Price Theory of Multi – sided Platforms [J]. American Economic Review, 2010, 100 (4): 1642 – 1672.

［216］ Williamson O. Transaction – Cost Economics: The Governance Of Contractual Relation ［J］. The Journal of Law and Economics, 1979, 22 (2): 233 – 261.

［217］ Willianson P J, Meyer A D. Ecosystem Advantage: How to Successfully Harness the Power of Partners ［J］. California Management Review, 2012, 55 (1): 24 – 46.

［218］ Yin R. Case Study Research: Design and Methods ［M］. Newbury Park: Sage Publications, 1994.

［219］ Zahra S A. Nambisan S, Entrepreneurship and Strategic Thinking in Business Ecosystems ［J］. Business Horizons, 2012, 55 (3): 219 – 229.